NORA LA ROCHE, GRÜNE GESCHICHTEN

NORA LA ROCHE

GRÜNE GESCHICHTEN AUS DEM SCHWARZEN WALD

VERLAG J. NEUMANN-NEUDAMM
MELSUNGEN · BERLIN · BASEL · WIEN

BILDNACHWEIS

R. Bender: nach Seite 18 unten und vor Seite 49 unten; J. Czimmeck: vor Seite 65; E. Elfner: vor Seite 33 unten; H. Fuisting: vor Seite 19 unten; Ake Lindau: vor Seite 9; R. Quedens: vor Seite 49 oben; H. Reinhard: nach Seite 8 und nach Seite 32; H. Schlinger: vor Seite 81; H. Steidl: nach Seite 48; C. Thiermeyer: nach Seite 96; W. Tilgner: vor Seite 97; K. Tönges: nach Seite 80; J. Weber: vor Seite 19 oben und vor Seite 33 oben; B. Winsmann: nach Seite 64; alle anderen Fotos stellte die Verfasserin zur Verfügung. Die Textillustrationen sind dem Bildarchiv des Verlages entnommen.

Den Druck übernahm die Firma: Buch- und Offsetdruckerei Heinrich Silber, Niestetal. Für die buchbinderische Verarbeitung sorgte die Firma Freitag & Co., Kassel. Der Schutzumschlag wurde nach einem Farbdia von Kurt Röhrig gestaltet.

ISBN 3-7888-0223-5

INHALT

Flötentöne im Juli

Wahrscheinlich geht's einem immer so oder allen so, nur ich habe es bisher noch nie selber erfahren: Daß man nämlich erst seit ein paar Tagen an einem Ort sein und trotzdem das Gefühl haben kann, all dem, „was bisher geschah", völlig entrückt zu sein. Entrückt? Das klingt beinahe nach verzauberter Stimmung, aber die habe ich nun weiß Gott nicht. Ich sitze hier im schwarzen Wald und grüble und grüble: Was gefällt mir denn nun eigentlich nicht?

Ich habe mich immer nach Waldeinsamkeit gesehnt. Die ist hier zwar vorhanden, aber sie ist mir nicht wild genug; es ist eine Einsamkeit mit Einschränkungen. Über den Hunderten von Wegen und Pfaden liegt ein finsterer Bann: Außer dem neunzigjährigen Eigenjagdbesitzer haben hier im Jagdrevier drei Mitpächter Begehungsrecht. Was sich sonst noch hier tummelt, wird ungern gesehen. Bauern, ahnungslose Wanderer aus dem ziemlich nahen und ziemlich langweiligen Bad Trockhausen. Schritte, laute Stimmen im Wald können das Wild aufschrecken oder, wie es in der Jägersprache heißt, „vergrämen". Daß ich, die ich den mir kaum zustehenden und deshalb umso ehrenvolleren Titel einer „Jagdaufsehergehilfin" auf unbestimmte Zeit trage, nicht auch noch zu dieser störenden Menschengruppe gehören darf, ist wohl deutlich. So soll ich denn zumindest morgens und abends den Garten nicht verlassen. Die Jäger wollen ihr Revier für sich haben.

Der Garten ist allerdings groß, eine mitten aus dem Tannenwald ausgerodete und eingefriedete Wiese, mit Pfaffenhutsträuchern, Dahlienbüschen, Birken und Buchen bepflanzt. Tagsüber darf ich meine Appenzeller Sennenhündin spazieren führen — aber bitte möglichst auf der Fahrstraße und nicht im Gebüsch, falls einer der Jäger unterwegs ist, suchend, was er verschlinge.

Jetzt ist Blattzeit, die Böcke treiben und die Ricken fiepen, das heißt, die Tiere kommen in die Flitterwochen, die Weibchen schreien nach den Männchen (mit einem Laut, der durch

Blasen auf einem Grashalm oder, wie Spezialisten behaupten, auf einem Buchen*blatt* — daher der Name Blattzeit — ziemlich genau nachgeahmt werden kann und als Lockruf für die Rehböcke dient). Nur „blatten" die Jäger heutzutage meistens moderner: Sie haben ein ganzes Sortiment von flötenähnlichen Blasinstrumenten, die säuberlich im „Lockerkasten" auf grünem Polster liegen: Hasenklage mit Mauspfeifchen, Rehblatter, Tauben- und Entenlocker, Schmalrehfiep und Kitzruf. Darauf kann jeder Fiepen und Angstgeschrei täuschend nachahmen; Gebrauchsanweisung für die Lockinstrumente wird mit dem kompletten Locker-Set geliefert. „Ent-täuscht" werden die entsprechenden Tiere dann durch den Knall der Jagdwaffe. So pfeift und bauzt das die ganze Zeit und wäre gewiß hübscher anzuhören als die heimatlichen Preßluftbohrer — wenn ich nicht wüßte, wem die Locktöne gelten: Dem alten Bock, der erst spät verfärbt oder dem noch älteren mit dem grauen Gesicht oder dem jungen Böcklein mit dem hellen Muffelfleck und dem schlechtgeformten Gehörn, auf das die Jäger schon lange ein böses Auge durchs Zielfernrohr geworfen haben.

Das wär' ja was, wenn dem alten Herrn sei' Böckle weg wär! ▶

Mein Häuschen hier sieht ganz reizend aus

Zita ist eine schöne Hündin, dreifarbig gezeichnet wie ein Appenzeller Sennehund

Ein sauberer Blattschuß soll's gewesen sein

Der Elchschaufler aus Alaska mit den weitausladenden Schaufeln ist mir unheimlich

Übrigens schweift das Jägerauge nicht nur durchs Gehölz, es richtet sich oft genug auch himmelwärts. Das Wetter gibt stündlich Anlaß zu neuen Kommentaren: Jetzt hat's geregnet, jetzt kommt die Sonne wieder, jetzt ist es günstig, das Wild „tritt aus“, um sich von der Sonne die Decke trocknen zu lassen, jetzt kann's losgehen.
Genau wie bei den Anglern.

*

Es ist jetzt vier Uhr und sieben Minuten. Der Jagdaufseher, Herr Klaus, dessen Gehilfin ich hier sein soll, ist längst im Revier, zünftig ausgestattet mit grünwildlederner Bundhose, grünem Pullover, grüner Kotze, umgehängtem Nachtglas, eingestecktem Jagdmesser, umgebundenem Patronengürtel, das zweieinhalb Kilo schwere Gewehr, genauer: die Bockbüchsflinte, über der Schulter. Ein Ding mit zwei Läufen, oben für Schrot, unten für Kugel. Ich glaube, die Kugelpatronen sind fürs Rehwild, das Schrot für Füchse und Hasen. Wir haben hier einen sehr reichen Besatz. „Besatz“ heißt die Bevölkerung an Hasen und Kaninchen, während man beim Rehwild, wie ich meine, bei allem anderen Schalenwild auch, von „Bestand“ spricht. Besatz, Bestand — warum nie „Belag“? Die Tiere *liegen* doch gelegentlich auch.

◀ *„Aschta“ apportiert vorzugsweise Tauben, Enten, Fasanen und Rebhühner*

Schaffe, schaffe, Häusle kehre

Mein Häuschen hier, zwei Zimmer groß, grauer Verputz, vergitterte Fenster und tief heruntergezogenes Walmdach, sieht ganz reizend aus, frisch gemalt und hergerichtet; aber die Pferdefüße scharren schon, und es sind mindestens deren vier.
Erstens ist der Küchenboiler kaputt, zum Abwaschen muß ich ständig Wasser auf dem Herd heiß machen.
Ein Badezimmer ist nicht vorhanden, Körperpflege scheint nicht gar so wichtig zu sein. Im Ländle genügt's anscheinend, wenn die Händ' sauber genug sind zum „schaffe". „Schaffe" ist wichtig, ist Thema No. 1. Gleich am ersten Abend bedeutet mir die Frau des einen Revierpächters: „Also, wenn mei Waschmaschin kaputt ischt, des ischt für mich des Allerschlimmschte überhaupt, gell."
Müßiggang ist hier nicht gern gesehen. Ich durfte mir einen Besen, ein Kehrschäufele, einen Putzeimer, eine Wurzelbürste und einen bildschönen Mop kaufen. Einen bunten mit rosa, gelben und himmelblauen Wuscheln, ein prächtiges Weihnachtsgeschenk für die treusorgende Hausfrau!
Es muß sauber aussehen bei mir, denn ich bin so eine Art Koordinationszentrum fürs Revier. Die „Herrschaften" kommen morgens und abends in mein Häuschen, um von mir zu erfahren, wer wo ansitzt: „Herr Schütz sitzt auf der ersten Leiter im Rundelwald oben, Frau Angerhaus bei den Eichen, der alte Herr auf der hinteren Kanzel." Das Revier ist zwar groß, 15 Millionen Quadratmeter, aber trotzdem könnten sich die Jäger in die Quere kommen.
Der „alte Herr" mit seinen 90 Jahren jagt wahrhaftig noch, klettert behende wie ein Eichhörnchen auf die höchsten Leitern und trifft, was er treffen will. Eine Nachsuche nach krankgeschossenem Wild wird bei ihm kaum notwendig. Er ist ein zielsicherer Jägersmann mit ruhiger Hand und kühlem Kopf. Nur mit seinem Geruchsinn scheint es schon etwas zu hapern. „Wie?" sagt er, „es soll hier zuweilen riechen, hat man mir ausgerichtet. Wo denn?"

Wo? Aus der Senkgrube! Da riecht es nicht nur, es stinkt sogar. Sie ist ja auch, wie man so hört und riecht, seit vierzig Jahren nicht mehr ausgehoben worden.
Das soll nun demnächst geschehen und etwa drei Tage Arbeit beanspruchen, der ganze Rasen muß aufgerissen werden.
Drei Tage, für die ich mich beurlauben werde.
Der vierte Pferdefuß: das Telefon ist gestört, vom Blitz getroffen, und die Entstörer bleiben aus.

Hunde, Beute und Beschwerden

Meine Zita ist eine schöne Hündin, dreifarbig gezeichnet wie ein Appenzeller Sennenhund, aber nicht viel größer und fast so schlank wie ein Whippet. Ihr Fell ist so weich und glänzend, als wäre ihr unbekannter Vater ein schwarzer Panther. Aber niemand streichelt sie hier.

Die Jäger loben und beklopfen nur die eigenen Hunde, nach vollbrachter Leistung. „Abliebeln" heißt das und gehört zum Dressurprogramm, zur jagdlichen „Abführung", zur Ausbildung des Hundes. Abgeführt sind alle Hunde hier, der bissige Dackel Ortrud — hört auf Trudele — ist Schweißspezialistin, während die schokoladenfarbene Deutsch-Drahthaar — „Aschta" vorzugsweise Tauben, Enten, Fasanen und Rebhühner apportiert.

Über die Aschta kam ich zu einer Ringeltaube. Herr Schütz, Bauunternehmer und Reviermitpächter, wollte sie mir in die Pfanne legen. Ich dankte, machte mir im Abwaschwasser zu schaffen und sagte: „Ach bitte, lassen Sie sie doch auf der Treppe, ich hab' grad nasse Hände." Kaum war er weg, beugte ich mich mit abgewandtem Gesicht über die Leiche, die Weißgraue mit den rosa Krallen, packte sie in den vorgestrigen „Schwarzwälder Boten" und anschließend in meinen importierten Schweizer offiziellen Kehrichtsack.

Solange weder Krieg noch Hungersnot im Land herrschen, rupfe *ich* keine Vögel, hake sie nicht aus und hacke ihnen auch die Köpfe nicht ab. Mir graust davor.

Hoffentlich kommt mein Schwindel nicht aus, und ich werde dafür mit weiteren Ringeltauben oder Ähnlichem bestraft. Ich habe doch Herrn Schütz wahre Rezept-Romane vorgeschwafelt, wie ich die Taube mit Erbschen und Schinkenwürfelchen, Petersilie und Thymian gefüllt, scharf angebraten und mit Rahmsauce fertig gemacht habe. Er bekam glänzende Augen: „Muß ich meiner Frau erzählen".

Vielleicht würde es sogar wirklich gut schmecken.

Durch Zitas Vermittlung sind derartige Danaer-Geschenke

glücklicherweise nicht zu erwarten. Zita kann nichts, nicht „apportierten, Schildwach' steh'n, auf Befehl ins Wasser geh'n". Als der Jagdaufseher neulich einen Bock erlegte, brachte er für Zita das „Geräusch" mit: Die Innereien des Bockes, in einem blutigen Plastiksäcklein verpackt. „Blutig" ist ja wohl ganz unwaidmännisch ausgedrückt; Blut heißt der rote Saft, der in den Adern des Wildes fließt; sobald er aber austritt, nach dem Abschuß also, heißt dieser Saft „Schweiß". Herr Klaus hielt Zita das schweißige Säckchen vor die Schnauze, Zita schnüffelte vorsichtig, legte blitzschnell den Rückwärtsgang ein — und weg war sie, die Sennenhündin, die vom Begriff „Arbeit" eine ganz andere Auffassung zu haben scheint, als all die Teckel, Spaniels und Vorstehhunde, die unsere drei Zwinger bevölkern. „Schaffen" heißt für meine Zita bewachen, hüten, bellen. Nähert sich ein Fremder — der Förster aus dem Nachbarrevier, der Imker, der seine Bienenhäuschen im nahen Wald stehen hat und mir schon ein Gläschen Weißtannenhonig verehrte — auch nur dem Hof, kläfft und knurrt meine sanfte Goldäugige mit Hingabe und Ausdauer und zwar fünf Minuten, bevor der Mann überhaupt zu sehen ist. Zita scheint keine Nase zu haben, vor allem nicht für Wild, dafür aber mindestens sechs Paar Ohren. Einschleichdiebe hätten hier keine Chancen.

Rehlunge und -luftröhre habe ich später mit spitzen Fingern zerschnitten und für Zita gekocht. Sie fraß sie — mit spitzer Schnauze, sozusagen.

Wild scheint sie einfach nicht zu mögen.

Die Leber mußte ich häuten und dem Jäger braten. Sicher war es die erste Schwarzwälder Rehleber, die mit Sambal und Sojasauce gewürzt auf den Tisch kam. „Nicht schlecht", sagte Herr Klaus.

Herz und Nieren kochte ich in einer Sauerrahmsauce.

Ich selber brachte nichts davon herunter. Der Wildgeruch hing mir von den Zubereitungsarbeiten her noch in der Nase und an den Händen. Wir sind uns sehr ähnlich, die Zita und ich: Für alles Waidmännische völlig ungeeignet.

Es ist Abend, der Jagdaufseher ist wieder auf der Pürsch. Er will das Büchsenlicht noch nutzen. Der Ausspruch „solange

man das Schwarze unter den Fingernägeln deutlich erkennen kann, darf man noch schießen“ stammt, glaube ich, von Hermann Löns, dem Heidedichter. Solange dauert das Büchsenlicht noch an, spätere Schießversuche sind verantwortungslos.

*

Heute hat Herr Klaus acht Stunden lang mit einem Monstrum von Mähmaschine im Wald die Pürschwege gemäht. Unter durchdringendem Geknatter des Motors ging es über Stock und Stein. Jetzt stehen zwei Kanister mit Treibstoffgemisch hinter meiner Küchenkombination — also werde ich mir das Rauchen in der Küche abgewöhnen müssen.
Etwa ein Viertel der vorhandenen 30 km Pürschwege sind schon kurzgeschoren. So kann das Wild im Herbst, wenn die

zum Revier gehörenden Wiesen abgemäht sind, den auf den Pürschwegen angesäten Klee noch fressen, als Zusatznahrung. Sagte ich wirklich fressen? Unverzeihlich! Äsen tut man, wenn man ein Reh ist! Außerdem können die Jäger jetzt pürschen, ohne im hohen Gras nasse Bäuche zu kriegen und ohne das Wild durch ihre grasraschelnden Schritte zu warnen.

*

Da ratterte denn also den lieben Tag lang diese Höllenmaschine durch den Wald. Die in unserer Nähe lagernden Pfadfinder aber, die ab morgens 6 Uhr — mit Spezialerlaubnis unseres Jagdherrn — in meinem Garten erscheinen, um an unserer Privatquelle Wasser zu holen und das tagsüber alle Stunden wieder tun, diese Knaben also wurden angewiesen, beim Absingen ihrer Lieder klangliche Zurückhaltung zu üben. Es kann ja sein, daß das Wild sich erschreckt — auch mich hat der übersetzte Text von Louis Satchmo Armstrongs „I wanna be in that number, when the saints go marchin' in", nämlich: „da wüll ich auch daboi soin, wenn die Heil'chen aufastöhn" vergrämt. Immerhin gibt es auch Gutes zu berichten: Die Bedienung im Dorflädele ist beispielsweise eine wahre Freude. „So — hat der Erbseneintopf denn geschmeckt?" erkundigt sich die Ladeninhaberin. Und auf die Frage, ob wohl eine Stange Lauch zu verkaufen sei, sagt der Sohn „ah nai, aber die Mamma hat welchen im Garten" und drei pralle Stangen werden gebracht und stehen *nicht* auf dem Kassenzettel, ebensowenig wie des Metzgers Blutwurst „zum Probieren". Der Metzger schenkt mir bei *jedem* Einkauf „Futter für d'Hund", Rinderpansen, Herz, Wurstzipfel. Mit Bitterkeit denke ich da an meinen Quartiermetzger in Zürich, bei dem ich 22 Jahre lang Futter für Hund und Katz kaufte und der mir korrekt für jeden Nageknochen Fr. —,25 tippte. Dabei war ich eine gute Kundin. Doch vielleicht ist es ungerecht, Zürich mit diesem Hinterwald hier zu vergleichen. Es könnte ja sein, daß man mir im Urnerloch auch einmal ein Stück Lunge für die Katz schenkt.

Bockjagd und Wild-Appeal

Ein Bock wurde geschossen — erlegt — zur Strecke gebracht. Ein starker, vierjähriger Bock liegt auf der Waage — 22 kg Bock. Ohne Geräusch natürlich. Das erlegte Wild wird sofort an Ort und Stelle aufgebrochen, in die Schweißwanne des Wagens gelegt und hergebracht. Ein sauberer Blattschuß soll's gewesen sein, der Bock torkelte noch etwa 30 m weit und sank dann um. Ich schaute ihn an und fragte mich: warum grad der? Oder fragte es, anscheinend, laut. Und erfuhr auch sogleich den Grund: Weil er ein schlechter Bock war, eine Abnormität, auf einer Seite des Gehörns nicht vereckt, auf der anderen Seite ein Achtender. Eine Seltenheit, sowas darf sich nicht vererben.

Die Auslese ist streng. Wie gut haben wir Menschen es doch! Krummbeinig, hängebusig und sattelnasig dürfen wir sein, kurzsichtig und kahlköpfig, und niemand verbietet uns, das häßliche Erbgut weiterzugeben.

Drei Jäger stehen draußen und jetzt geht's ans „Tottrinken". Man stößt an auf den toten Bock oder aufs gehabte „Waidmannsheil". So genau kann ich das nicht erfahren und möchte auch nicht pausenlos fragen. Die Jäger sind nämlich hellhörig, wenn in den Fragen auch nur die leiseste Andeutung mitklingt, daß man Jagd und Naturschutz nicht unbedingt auf dem gleichen Blatt stehen sieht. Jagd *ist* Naturschutz — und damit basta. Dem „survival of the fittest" wird kräftig nachgeholfen und „on corrige la nature". Hege heißt das.

Nun, ich bin nicht streitsüchtig. So nicke ich eben nur, und koche und jäte und reibe die Küchenkombination ab.

Es wird lange totgetrunken auf den seligen Bock. Wie heißt es doch im alten Jägerlied:

> „Der Jäger, der nicht säuft,
> Der Hund, der nicht läuft,
> Das Mädchen, das nicht stillehält,
> Sind die größten Wunder der Welt"

Ich verschwinde nach oben. Auch ich kann höchsten noch 30 m weit torkeln — die Tage sind lang und das Tagwerk ist streng. Schaffe, schaffe — meine Hände kann ich niemals wieder vorzeigen.

*

Den Bock, der jetzt im Keller des Jagdhauses hängt, am Fleischhaken zum „Abkühlen", hat gestern übrigens Frau Angerhaus zur Strecke gebracht. Vier Genossen vom „grünen Handwerk" waren unterwegs. In der Tat, ohne die grüne „Uniform", ohne grüne Bundhose, grünen Hut und grüne Joppe würde keiner auch nur das Gewehr umhängen. Als einzige kam die Dame mit einem erlegten Stück zurück. Eine Frau mittleren Alters, ihr Haus strotzt von Trophäen. Sie habe einen sagenhaften „Anlauf", sagt man. Das Wild läuft ihr sozusagen vor die Büchse. Wild-Appeal! Sie bringt auch das Kunststück fertig, selbsttätig, also ohne Locker, unter ihrer luftgeblähten Oberlippe weg wie eine Ricke zu fiepen. Ich habe den ganzen Tag geübt und mit der Zeit auch ein paar Töne hervorgebracht, aber ein Rehbock wäre sicherlich nicht darauf, sondern abgesprungen.

Abends hatte ich eine steife Lippe.

*

Heute morgen um sieben Uhr traf ich die Jägerin. Sie war heute nicht draußen, weil sie sich erkältet hatte und nach Hause ins Städtchen fahren wollte, um dort ein Medikament zu besorgen.

„Und", sagte sie, „allzulange möchte ich ja auch nicht mit dem Geräusch im Wagen herumfahren."

Was habe ich doch schon für Fortschritte gemacht! Noch vor ein paar Wochen hätte ich besorgt genickt und Frau Angerhaus geraten, ihren Motor in der nächsten Reparaturwerkstätte kontrollieren zu lassen, mit einem Geräusch im Wagen wäre nicht zu spaßen.

Inzwischen ist es halb acht geworden, die Hausarbeiten sind erledigt, der pflegeleichte Boden, von dem man alle festgetretenen Lehmklümpchen mit den Fingern abkratzen muß, bevor er sich leicht pflegen läßt, ist sauber.
Halb acht Uhr früh, und es regnet nicht. Welch elender Sommer —, daß man überhaupt einen trockenen Tag dankbar erwähnen muß! Vor meinem Fenster wuchert Gartenpracht: Phlox, halb verblühte Iris und letzte Pfingstrosen, mannshohe rötliche Stengel mit großen, rotgeränderten Blättern und weißlichen Blüten: Balsaminen.

*

Mein Zimmer bleibt dunkel — zwanzig Meter weiter steht der schwarze Wald, prächtige Fichten mit geschwungenen Ästen, davor lichte Buchen, Linden und Ebereschen, zart im Grün und heute eben mit Sonnentüpfelchen gesprenkelt. Hinter dem Häuschen Rosen, kümmerliche Blüten zumeist; es wird ja kalt hier im Winter, und diese Rosenstöcke haben schon zwei Winter durchstehen müssen. Das Unkraut hingegen gedeiht; Löwenzahn und Breitwegerich, üppig wie tropische Gewächse, verdecken fast die drei Hundezwinger.
Um den Hundshaushalt muß ich mich noch kümmern. Die Hütten müssen gereinigt und desinfiziert, der Auslauf gejätet werden. Unkrautvertilgungsmittel darf man nicht verwenden. Wer weiß, da leckt vielleicht so ein kostbarer DD oder DK mit jagdlicher Erfahrung und von angenehmer Wesensart, raubzeugscharf und leichtführig, an diesem Gift und seine Ahnentafel findet ein abruptes Ende.
DD und DK — Deutsch Drahthaar und Deutsch Kurzhaar. Vorstehhunde sind das, schöne, durchtrainierte Tiere. Die „Aschta“ ist mir schon vertraut, und auch der „Schecki“ und der „Adi“. Ich bin beeindruckt, wie tüchtig sie sind, wie rasch sie verknüpfen. Ein Hund „verknüpft“, er denkt nicht. Die Rauhhaardackeline Trude ist ein hochgeachteter, erstklassiger „Nachsucher“, Trude findet jedes Wild, das krankgeschossen in den Büschen liegt und verbellt es, bis der Jäger kommt, um ihm den erlösenden Fangschuß zu geben. Susi ist ein Springer-

Spaniel mit einem deutlichen Mangel: Er ist ein hoffnungsloser Totengräber, er versucht, erlegtes Wild in der Erde zu verscharren, statt es zu apportieren.
Meine Zita lebt in diesem Verband der fleißigen Ameisen wie die Grille in der Fabel. Sie ist einfach glücklich. Jeden Morgen läuft sie besorgt zur offenen Haustür, als wollte sie sich vergewissern, daß noch alles da ist. Die vielen Mäuse und der Hausmarder und die 2000 qm eingezäunte Wiese, auf der sie Pipi machen kann, so oft sie will, und das Hannele, ihre einzige Freundin, die mir gestern einen ganzen Topf Linsensuppe ausgefressen hat. Gestohlen. Ihr Frauchen, zart und blond wie der Spaniel selber, konnte es gar nicht fassen. Hannele, der verwöhnte Seidenhund und Linsensuppe! Hannele hat ein gutes Herz. Sie spielt mit der Zita, während die anderen, die berufstätigen, teuren Rassehunde mein Baschterli kühl übersehen. Sowas mit geringeltem Schwanz, einem aufgestellten und einem hängenden Klein- und Kurzohr gibt's für sie einfach nicht.
Ich muß Frühstück machen, der Jagdaufseher wird bald zurück sein. Es gibt Sauerkraut mit viel Zwiebeln und Speckwürfeln, Wachholderbeeren und Kümmel und Lorbeerblatt, das ganze in säuerlichem Birnenmost gekocht. Dazu Schweinerippchen — und das um neun Uhr vormittags. Es sind deftige Freuden, die sich einem hier bieten.
Poetisch ist höchstens die Landschaft, die Wälder und die weite Hochebene mit den Weizen-, Gersten-, Mais- und Haferfeldern. Das Getreide steht gut, sagen die Bauern. Und die Margeriten, die Kornblumen und der glühende Mohn stehen schön. Ich habe das ganze Häuschen voll davon, in Kupfer- und Zinntöpfen sind auch Flockenblumen und Skabiosen, Akelei-Wiesenraute und goldener Hornklee und blaue Büschelglockenblumen und wilde Malven. Das botanische Bestimmungsbuch macht mir viel Freude und ist schon recht zerfleddert.
Ob es wohl auch ein Bestimmungsbuch für Gartenpflanzen gibt? Ich glaube, es könnte mir gar nicht schaden, so etwas durchzulesen. Neulich habe ich im Erdbeerbeet gejätet. Da gab es merkwürdige Schlingpflanzen, die sahen ganz nach

Ranunculaceae aus und wurden erbarmungslos von mir ausgerissen. Plötzlich kamen Erinnerung und Erkenntnis über mich: vermehren sich denn Erdbeeren nicht durch Ableger — ja richtig, und das sind sie ja, die Guten! Da hat man wirklich die Geiß zum Gärtner gemacht.

Dabei hätte der Garten Pflege nötig. Aus den Johannisbeersträuchern sind mit den Jahren stattliche Bäume geworden, die Brennesseln verwandeln das Licht im Untergeschoß in ein schummriges Grün, auf der Wiese breiten sich blaue Vergißmeinnichtlachen und Gänseblümchen in Scharen aus. Für das ungärtnerische Auge hat alles viel Charme, aber die pflichtbewußten Hände jucken und zucken und zerren. Von dem Unkraut, das ich schon auf eine kleine Karre geladen und abtransportiert habe, immer wieder und immer wieder, könnte man ein dickes Schaf sattkriegen.

Der Jagdaufseher kann mir dabei nicht helfen, er hat genug anderes zu tun. Klaus ist um die Sechzig, ein schöner Mann, in Format und Stil an einen altdeutschen Eichenschrank erinnernd. Ich bekomme ihn selten zu sehen und noch seltener zu hören. Er spricht wenig. Ich glaube, er mag Menschen nicht besonders.

Tagsüber verschwindet er meistens mit Hammer, Axt, Säge und der Nagelbüchse im Wald und bringt die Hochsitze in Ordnung.

Auf der Revierkarte — ein wunderhübsches Ding übrigens, wenn ich es könnte, würde ich sie einmal abzeichnen, mit Wasserfarbe kolorieren und einrahmen lassen — sind diese „Spähposten“ eingetragen. Viele davon stehen am Waldrand, im sogenannten Trauf, einem dichten Saum von Eschen, Espen, Ahorn, Haselnuß, Buchen, Eichen oder Linden, der sich um die Nadelwälder legt. Für den Laien wirkt das äußerst dekorativ und landschaftsgärtnerisch. Der Trauf soll aber den Wind abhalten, damit der Waldboden nicht zu sehr austrocknet und soll auch sonst noch eine Funktion haben — ich werde mich gelegentlich danach erkundigen. Schließlich kann ich mich ja nicht wie ein Kind im Fragealter benehmen, das mit seinem ewigen Warum die Eltern zum Wahnsinn treibt.

Die Hochsitze sind da gut versteckt, in diesem schweren Laub des Traufes, über eine lange Leiter ist die Plattform, die oft zu einem Häuschen mit schützendem Dach ausgebaut wurde, zu erreichen. Da kann sich der Jäger niederlassen und Fernglas, Büchse und Rucksäcklein ablegen. Vielleicht auch einmal ein Nickerchen machen. Schließlich gibt es ganz passionierte Jäger, die 13 Stunden und mehr ansitzen. Das Sitzen auf dem „Hochsitz“ heißt „an“ — und nicht etwa „hoch“sitzen.

Wenn man will, kann man auch auf dem Sitzstock ansitzen — der sieht aus wie eine Art Dreiviertelregenschirm mit einer langen Stockspitze, die man in die Erde bohrt, während man auf dem auseinandergefalteten „Schirm“-Teil Platz nimmt.

Gelegentlich muß Herr Klaus auch einen neuen Hochsitz bauen. Da fällt er schlanke Fichten, schlägt deren Äste ab. Allein ist es schwierig, auf den schwankenden, in die Erde gerammten Stangen, auf 6 Metern Höhe, die ersten Querverstrebungen anzubringen. Ich versuche, ihm zu helfen, so gut ich es eben kann. Lange Nägel sollte ich ihm hinaufbringen, er braucht Nachschub.

Heroisch — für mich — ist mein Aufstieg. Niemand soll merken, daß das Alpenkind keineswegs schwindelfrei ist. Auf der 11. Stufe — sieben fehlen noch, bis ich oben wäre — ein überflüssiger Blick nach unten. Da passiert's: der wohlbekannte Faustschlag in die Magengrube, die Blutleere im Kopf, das Summen in den Ohren. Höhenpanik. Ich erstarre, weiß krallen sich meine Fingergelenke an der oberen Sprosse fest. Von oben brummts:

„Was hängen Sie denn da wie ein kranker Klammeraffe. Jetzt 'naufschauen und langsam 'nunter mit Ihnen. Absturzleichen kann ich nicht gebrauchen.“ Ich krieche rückwärts und ducke mich ins nasse Gras.

Er holt sich die 20 cm langen Nägel selber und schüttelt den Kopf: „Ja, gibt's denn sowas!“

Leider ja.

E i n e n Hochsitz habe ich aber entdeckt — „entdeckt“ ist richtig; immerhin sind 85 Stück im Revier verteilt — dessen Besteigung ich schaffe. Ein Dutzend Sprossen sind es zwar auch hier, aber die ganze Leiter ist mit Haselnußsträuchern und den weichfilzigen Blättern des wolligen Schneeballs umwachsen. Die Kanzel selber lehnt am Stamm einer alten Eiche und ist ein richtiges Räumchen mit festen, aus Rundhölzern gezimmerten Wänden, einem bequemen Sitzbänkchen und einer Brüstung, auf die ich verwegen, weil schwindelfrei, meine Ellbogen stütze. Ganz geborgen fühle ich mich hier oben vor meinem scheibenlosen Panoramafenster mit den grünen Laubvorhängen.

Die Brüstung wäre ja eigentlich die Auflagelatte für die Jagdwaffe; aber der Ausblick bleibt trotz Zweckentfremdung unverändert weit über das grüne Wellental der Wiesen, die Fichtendickungen und das schmale Entenwasser, das langsam zur nahen Donau zieht.

Außer Hochsitzen wird auch sonst noch gebaut im Wald. Wildfutterstellen für den Winter beispielsweise. Oder Hürden für die Fasanen.

Doch, doch: Hürden.

Es gilt allgemein als „unwaidmännisch“ (ein Begriff, der dem „fair play“ im Sport entspricht, wobei ich „waidmännisch“ mit „fair play“ gleichsehe) Fasanen zu schießen, die sich am Boden aufhalten, in den Maisfeldern etwa, und dort gemütlich herum-

kratzen und Körner picken. Der Waidmann muß warten, bis der Fasan sich kraft seiner Flügel (sind's denn Flügel? Manchmal heißen die Flügel ja Schwingen, manchmal Fittiche — je nachdem, von welchen Vögeln die Rede ist) vom Boden erhebt. Nur dann darf der Jäger Bumm machen. So gehört sich das. Nun wurden, wegen mangelndem Besatz im Revier, vor Jahren Fasanen importiert und ausgesetzt. Junge Vögel, die sich dick und voll fraßen und prächtig gediehen. Die Fasanenjagd ging auf, die Jäger auf die Suche — und was geschieht? Die Fasanen denken nicht einmal im Traum daran, aufzufliegen. Sie tun's einfach nicht. Man stelle sich das vor: Fußgänger! Infanteristen! Lange Gesichter bei den fairen Mannen, die gesenkten Gewehres nach Hause trotteten. Und dabei überlegten: wie, zum Teufel, bringt man diese faulen Tiere zum Fliegen? Gloriose Idee eines findigen Kopfes: man baut ihnen dort, wo die standorttreuen Vögel erfahrungsgemäß erscheinen, ziemlich hohe Hürden, die sie dann überfliegen *müssen.* Überklettern können sie sie ja nicht. Wenn's dann flatter, flatter über die Hürden geht: Bumm-Bumm aus der Doppelflinte und Jägers waidmännisches Nachtmahl ist gesichert.
Was geschieht wohl, wenn es sich unter den Fasanen herumspricht, daß es ja auch die schöne Disziplin des Hürden*laufs* gibt?

*

Als mich der Jagdaufseher letzthin mit dem Landrover zur Busstation fuhr, hatte ich selber den Beweis: Fasanen haben wirklich harte Köpfe. Ein Fasanengockel, in goldbraunem Samt mit Kragen aus grünblauer Changeantseide, überquerte feierlich den Fahrweg. Er blieb gelassen, als unsere Hupe meckerte; er wollte auf die andere Straßenseite, und zwar zu Fuß. Er ließ sich nicht beirren, auch nicht durch Gasgeben und geräuschvolles Gangwechseln. Fasanennerven sollte der Mensch haben.

Sommerfreuden

August ist es geworden, und der wilde Wein, der meine Terrasse in zierlichen Rankengirlanden überwächst, beginnt sich zu verfärben. Nach neun Uhr abends sind nur noch die Jäger mit ihren Nachtgläsern draußen. Morgens liegt Nebel im Tal, aber von 7 Uhr an beginnt die Sonne zu wärmen, und gegen Abend donnern gewaltige Kanonaden. Die Gegend ist berühmt für ihre Gewitter. Tröstlich für mich zu wissen, daß die beliebtesten Blitztannen 30 Meter vor und 50 Meter hinter meinem Häuschen liegen. „Wenn's da einschlägt, fallen Sie glatt aus dem Bett", bekam ich zu hören.
Ins Telefon hat es ja schon eingeschlagen. Es ist immer noch tot. Dafür hängt in der Küche — endlich — ein funkelnagelneuer Heißwasserboiler.
Meine Jeans klatschen mir naß um die Beine, ich war „in den Himbeeren". Keine halbe Stunde hat die Plage gedauert und jetzt steht eine Schale Himbeeren auf dem Tisch. Ein Pfündchen mag's schon sein. Ob es bei uns zu Hause auch solche Beerenfundgruben gibt? Hier jedenfalls sind ganze Strauchwälder, in die man sich allerdings durch brusthohe Brennesseln, Goldraute und Weideröschen zwängen muß, alle schwer von Tau.
Die eigentliche Blattzeit ist vorbei und Zita darf mich begleiten. Sie hechelt vor Begeisterung. Mäuse, Mäuse! Heute saß sogar ein junges Eichhörnchen auf der Straße, und mein Appenzeller-Whippet verpaßt ihm tatsächlich eins mit der Vorderpfote, aber nur ganz vorsichtig. Piep, schrie das erschrockene Hörnchen. Zita erstarrte in dümmlicher Vorstehpose, während das Beutetier einen Fichtenstamm hochrasselte.
Ja, die Zita darf jetzt überallhin mit. Kilometerlangen Auslauf hat sie, in alle Richtungen, kennt keine Leine mehr, nicht einmal ein Halsband. Der Jagdaufseher hat es ausdrücklich erlaubt. „Völlig verkümmerter Jagdinstinkt" lautete sein Urteil „aber erstklassiger Appell".
Traurig denke ich an die Zürcher Hunde, die allüberall und

immer am Schnürchen laufen müssen. Ein Nicht-Hundebesitzer, vor allem ein Nicht-Zürcher kann mir meine Zufriedenheit wahrscheinlich kaum nachfühlen. Welch befreiendes Gefühl zu wissen, daß n i e , hinter keinem Baum hervor, die wohlbekannte bissige Frage ertönen wird: „Sie — wüssed Sie au, daß de Hund a d'Leine g'hört?“ Zita-Hunde gehören eben n i c h t an die Leine, und es gibt deren mehr, als man in der heimatlichen Stadtverwaltung anzunehmen scheint.
Er ist wirklich problemlos, mein Appenzeller. Während die anderen Hunde hier auf den ganzen Hof und im halben Garten ihre braunen Häufchen setzen, dehnt Zita ihre Stubenreinheit auf das gesamte eingezäunte Gelände aus und erledigt ihr Geschäftchen ausschließlich draußen, am Wegrand. Der entspricht in ihren Augen wahrscheinlich am ehesten dem städtischen Rinnstein. So hat sie's gelernt: nicht ins Zimmer, nicht aufs Trottoir und so will sie es nun auch hier halten.

*

Genau am 5. August beginnt hier die Ruf-Jagd zum endgültigen Abschluß der Blattzeit. Eine seltsame Geschichte.
Man stelle sich vor, daß dieses Datum, über Jahrzehnte hinaus, präzise eingehalten wird. N i c h t von den Jägern, das wäre ja in dieser von altem Brauchtum getragenen „Branche“ gar nicht erstaunlich, sondern vom Wild selbst eingehalten!

Jetzt ist die Brunft vorbei, die Ricken sind größtenteils abgebrunftet und beschlagen; die Flitterstunden sind vorbei. Aber eben nur größtenteils: einige wenige Ricken sind noch „zu haben" und auf diese sind die Böcke ganz wild. Sie brechen durch Dickungen, keuchen über Kahlschläge und Wiesen, stehen, verhoffen: War da nicht was? Immer auf der Suche nach den paar letzten liebeswilligen Mädchen.
Die Jäger machen sich diese Torschlußpanikstimmung zu Nutzen und „rufen" tückisch von Leitern und Kanzeln: Fiep, fiep, — gut verblendet mit großen Fichtenästen. „Verblenden" entspricht dem militärischen „tarnen". Sie fiepen und der Erfolg bleibt nicht aus. Um es mit Wilhelm Busch zu sagen: „tack, tack, tack, da kommen sie".
Weit kommen sie allerdings nicht. Die Büchsen sind entsichert, die Zielfernrohre eingestellt. Ein Klick, ein Knall — und eines der liebesfreudigen Böcklein ist tot.
Oder auch nicht. So auf 150 Meter Entfernung mit tödlicher Sicherheit zu treffen, was sich immerhin in der nächsten Zehntelssekunde heftig bewegen kann, ist nicht gar so einfach. Gerade gestern lief so ein Unternehmen bedenklich schief.
Der Jäger, Herr Schütz, sitzt im Brennerholz an, seit Stunden schon, Fernglas vorm Auge, Büchse entsichert neben sich auf der Kanzel. Am Fuße der Leiter ist seine „Aschta" abgelegt und wartet still. Da — ein Bock tritt aus dem Gehölz, verhofft. Ein älterer Herr schon, das Gehörn zurückgesetzt.
Herr Schütz sieht den alten Bock durch das Zielfernrohr, ein Brustbild in rundem, schwarzem Rahmen: die Lauscher aufgestellt, den Windfang gehoben, die Lichter groß und glänzend. Bewegungslos steht er und sichert.
„Jetzt" denkt der Jäger und drückt ab.
Getroffen. Im Knall wirft es den Bock auf den Rücken.
Der Jäger bleibt auf der Leiter sitzen, legt das Gewehr beiseite. Er wartet, eine Viertel-, eine halbe Stunde lang. Was er dabei empfindet? Ich weiß es nicht. Triumph vielleicht? Siegerfreude? Wieso Sieg, in einem Kampf, der keiner war? Vielleicht Entspannung, Hochgefühl? Ich kann es nicht nachempfinden.

Herr Schütz steigt von der Leiter, läuft durchs Gras, auf die Anschußstelle zu. Da liegt der Bock, sieht den Jäger, springt auf, wird flüchtig und verschwindet im Wald.
Ratlos steht der Jäger da — ohne Gewehr. Er hat es, unverzeihlicherweise, auf dem Hochsitz liegen lassen. Seine Aschta winselt leise und Herr Schütz begeht den zweiten Fehler: er „schnallt" sie, d. h. läßt sie von der Leine. Rasch holt er seine Büchse und stürmt dem davonschießenden Hund nach, ins Gehölz. Der Rehbock muß vom Hund gestellt werden. Das wird nicht schwer sein, der Jäger hat ihn ja am Stich getroffen, er hätte unbedingt im Knall bleiben müssen. Seltsamerweise hat aber das beschossene Stück kaum gezeichnet, wenig Schweiß ist im Gras zu finden, keine Deckenfetzen.

Er wird sicherlich nicht weit ziehen, der Bock. Die Aschta ist jung und hat bei allen Jagdprüfungen vorzüglich abgeschnitten. Herr Schütz bleibt stehen und horcht. Gibt die Aschta schon Standlaut? Hat sie den Bock schon und verbellt ihn? Nein — er hört nur, in der Ferne jetzt, die brechenden Zweige. Die Aschta sucht noch immer. Sie hat die Fährte, sie arbeitet sie brav — und plötzlich hat sie sich verschossen. Ein jugendlicher Hitzkopf mit überschäumendem Temperament, tadellos abgeführt, aber erst seit drei Wochen in der Hand ihres neuen Meisters.

Betreten machen sich Herr und Hund auf den Weg zum Jagdhaus zurück. Da sitzt im Wagen eingesperrt, die Kleine, die schwarze Dackeldame. Die wird mit der Beharrlichkeit ihrer Rasse den krankgeschossenen Bock schon stellen. Hoffnungsvoll legt Herr Schütz sein Trudele an den langen Schweißriemen und weiter geht's auf Bocksuche.

Nach einer Stunde sind sie zurück, beide mit hängenden Ohren: Nichts.

Ratlos sind auch des Jägers Waidgesellen, bis es einem einfällt: der Förster vom Nachbarrevier besitzt Aschtas Mutter, die „Erda". Auch sie bestens abgeführt, alt und erfahren. Der Förster muß her.

Er kommt auch, seine „Erda" an der langen Leine und gleich ziehen sie wieder los, drei Männer und drei Hunde.

Zwei Jäger bleiben zurück, trinken Bier und essen Fleischwurst dazu.

„Ein rechter Schweißhund müßt' her", sagt der eine, „ein Hannoveraner". Der andere nickt. „Wetten", sagt er, „die finden den Bock nicht mehr? Kannscht genau so gut e Nädele in'm Heuhaufen suche."

Er hätte die Wette gewonnen. Der Bock ward nicht mehr gesehen.

Herr Schütz ist bedrückt. „Vielleicht", fragt er, „vielleicht war's ein sogenannter Fünfmarkschuß"? Vielleicht habe ich ihn genau an der Stelle (die eben so groß ist, wie ein Fünfmarkstück) getroffen, wo die Kugel sauber hineingeht und durch den Körper hindurch und hinten wieder hinaus, so ein richtiger Hohlschuß, wo keine lebenswichtigen Organe verletzt werden — was meint Ihr denn?"

Mattes Schweigen. Die Jäger wissen es doch alle: So ein Fünfmarkschuß kommt höchst selten vor — ha nai, der Bock wird schon irgendwo liegen und verludern.

Sexy Sepp

Was habe ich heute gelacht! Da kommt der lange, freundliche Bauunternehmer, der „Aschta“-Besitzer, zu mir ins Häuschen, erzählt von einem Bock und einem Dachs, die ihm morgens „gekommen“ sind, erkundigt sich, ob der Jagdaufseher noch „draußen“ ist und steht dann herum, ich weiß nicht, wozu. Plötzlich:

„Ah — ich wollte Ihnen noch was sagen. Ich habe auch meine Frau gefragt — sie meinte auch, ich sollte mit Ihnen reden.“

Nanu, denke ich. Reden?

„Wegen dem Klein nämlich.“

„Der Klein“ ist ein jüngerer Mann, technischer Allerweltszauberer in der Fabrik des alten Herrn, wird für alle Reparaturen eingesetzt und hat seine geschickten Finger überall. Er bringt die Wasserpumpe in Ordnung, er hat mir — endlich — den neuen Küchenboiler montiert und den weißen Klodeckel und durch Einsetzen von allerlei Röhren und Muffen fertiggebracht, daß es im Häuschen nicht mehr stinkt. Ich bin ihm äußerst wohlgesinnt. „Der Klein“ ist tatsächlich klein, trägt grüne Bundhosen, die seine krummen Bauernbubenbeine sehr zur Geltung bringen, einen Jägerhut mit hellblondem Habichtbrustflaum drauf und ähnliches Eigengewächs auf seinem runden Kopf. Er ist freundlich und spricht aus irgendwelchen unklaren politischen Gründen fließend Russisch, was mich besonders freut. Schließlich habe ich mich mit dieser Sprache jahrelang abgemüht und mein Diplom wird durch das bißchen Praxis mit ihm nicht ganz verstauben.

„Nämlich — eben —“, sagt Herr Schütz —, „ich muß Sie vor ihm warnen.“

„Was?“, sage ich, „ja wieso denn in aller Welt?“

„Ah — der ist ganz berüchtigt. Weit herum im Kreis ist der bekannt. Wegen — wegen den Weibern nämlich. Wissen Sie, der alte Herr hatte ihm doch den Begehungsschein fürs Revier gegeben, der Klein ist ja tüchtig und wollte dafür überall helfen, Hochsitze flicken, Wild füttern im Winter und sowas. Dafür sollte er einen Bock schießen dürfen und Krähen und Häher für seinen Habicht und seinen Jagdfalken. Die züchtet er und richtet sie ab, die Greifvögel. Jagdlich ist er ja gut, da gibt's nichts. Aber eben, was glauben Sie, was dem einfällt? Jeden Morgen sitzt er an, abends auch, keinen Tag läßt er aus. Seiner Passion sind wir aber auf die Schliche gekommen! Der sitzt nämlich nicht allein an, er nimmt sich Weiber auf den Hochsitz 'nauf und knutscht sich da oben mit ihnen herum. Seiner Frau erzählt er, er sitze auf Sauen an."

Ich grinse. Aber Herr Schütz lächelt nicht einmal, er ist moralisch entrüstet. Scheinheilig sage ich:

„Aber Herr Schütz — das ist ja sehr lieb von Ihnen und Ihrer Frau, daß Sie sich Sorgen um mich machen, aber bedenken Sie doch, ich könnte ja beinahe Kleins Mutter sein!"

Die Strafe für mein Komplimentefischen folgt auf dem Fuß:

„Ah — bei dem macht das nichts — der schreckt vor nichts zurück!"

Jetzt weiß ich's also. Nur — auf einen *Hochsitz* hätte mich meiner Lebtag keiner zum Knutschen gebracht, das steht fest. Nicht einmal „Sexy Sepp" Klein der wilde Waidmann. Ich lache und denke an seine Säbelbeine in den dicken Rutschsokken.

7 x 57 und ein Bock in der Küche

Es waren nicht die unruhigen Gedanken an „Sexy Sepp" Klein, die mich abends nicht einschlafen ließen. Nein, ich dachte an die Geschichte, die mir Herr Schütz später noch erzählt hatte.
„Neulich war ich am Rundelwald oben, wo die rotbunten Rinder grasen, und sitz' da auf einen Fuchs an, den ich dort schon mehrmals zu Gesicht bekommen habe. Füchse gehen gern in die Nähe einer Viehkoppel. Warum? So genau weiß man das nicht, wahrscheinlich paßt ihnen der Kuhgeruch. Übrigens saufen sie auch Milch von den Kühen, hängen sich einfach an die Euter und saugen ab, wie Melkmaschinen. Also eben — ich sitz' da und plötzlich seh' ich ihn. Jung, paar Monate höchstens. Wart', denk ich, Dich hab' ich gleich, Du Mörder, Hühnerdieb, Milchstehler. Ich drücke ab und erwisch ihn, fast in zwei Teile reißt ihn die Siebenmalsiebenundfuffzger. Aber Sie glauben's nicht, wie zäh die Viecher sind! Schleppt sich der doch noch auf den Vorderläufen ins Gebüsch, hinten nichts wie Schweiß und lahme Läufe. Er schafft's noch — mindestens 50 Meter weit. Ich hintendrein — was meinen Sie, wie mich der Kerl im Verenden noch angeknurrt hat!"
Ja — was meine ich denn? Was gibt es da zu meinen? Sind wir Frauen nicht von Natur auf Zärtlichkeit für alles, was klein und rund und weich ist, gewissermaßen programmiert? So ein Fuchswelpchen — ach was, lieber an Erfreulicheres denken . . .

*

Nein, ein ganzer Rehbock war's eigentlich nicht, der heute in meiner Küche lag, aber sein Kopf und dieser Kopf rollte ein Stückchen weit auf dem grünen Kunststoffbelag meiner Küchenkombination, bis das Gehörn ihn bremste. Wiederum der dumpfe Geruch, der mich bis in den Pyjama hinein verfolgt: Wild! „Haut goût"!
Nur kurz schaute ich hin, als ich Sägegeräusch hörte und mußte gerade die Sekunde erwischen, als das Sägeblatt durch das

linke Böckleinauge schnitt. Eine weißliche Blase — mich hob es. Unüberhörbar.
„Der Schnitt m u ß durch die Lichter“, sagte Herr Klaus, „ich muß doch das Gehörn abschlagen.“
„Jetzt nehme ich das Gehirn raus. Mit Ei gebraten — das schmeckt. Wollen Sie's haben?“
„Nein“, wollte ich sagen. „Verschwinden Sie und der Bock soll aufhören zu stinken. Wischen Sie das Blut, den Schweiß, das Gehirn und das ausgelaufene Auge, ach, zum Teufel, die Lichter weg und machen Sie die Fenster auf, sonst kotze ich.“
Ich sagte nichts von alledem, drehte nur meinen Kopf weg.
Auf dem Herd brodelte Wasser in unserem größten Suppentopf, und ich konnte hören, wie der Rehkopf — oder ein Teil davon — glucksend unter Wasser ging. Es begann noch fürchterlicher zu stinken.
„Wozu“, dachte ich, „brauche ich das. Wer in aller Welt, was um Himmels Willen hat mich denn hierher getrieben? Böcke, Vögel, Füchse — nichts wie Tod und Blut. Und grün verkleidete, ausgewachsene Männer, die den halben Tag im Wald umherspringen und Indianer spielen.“
„Heute gehen wir ins „Lamm“ zum Mittagessen“, hörte ich Herrn Klaus sagen.“ Die machen prima Bratwürscht. Ich mag übrigens die rote Arbeit auch nicht besonders. Gehen S' jetzt 'naus, des Zeug muß e halbe Schtund koche. Und ziehen Sie sich was Anständiges an!“
Und ob ich 'naus ging! In Windeseile.
Später sah ich das abgelöste Gehörn an der Sonne liegen. Der Bockschädel war mit hochprozentigem Wasserstoffsuperoxyd gebleicht worden und das Gehörn stach dunkel davon ab. Starke Rosen hatte der Bock, schön geperlt das Sechser-Gehörn. Die Zähne im Unterkiefer waren aber ganz schwarz. Muß ein starker Pfeifenraucher gewesen sein.

*

Das „Lamm“, für das ich mich hatte umziehen müssen, ist nicht viel mehr als eine dunkle Stube mit sechs Tischen auf braunem Linoleumboden. An den Wänden eine schmierige

Kraftvoll schieben sich die beiden Kontrahenten im Kampfe hin und her

Für Sauen scheint Herr Klaus wirklich etwas übrig zu haben . . .

Im Rundelwald steht eine neue Kanzel

Auch Gartenarbeit muß sein

Sichernd wirft das Alttier auf

Überdies hat Herr Klaus im Revier Saufährten gefunden

Ein Hase, ein langer, langer Hase mit großen Sehern im kleinen Kopf, hoppelt über den Weg

Tapete mit Aquarienmotiven, tropischen Fischen, Wasserpflanzen. Offensichtlich ein Liquidationsposten. Die Wirtin schlurft daher, eine alte Frau, so alt, wie die Postmeisterin im Dörfchen, die ihren Betrieb täglich von neun bis halb elf morgens offen hält, zwischendurch im Hinterzimmer Mittagessen kocht und dabei die Kassenschublade mit den gebündelten Scheinen drin vertrauensselig herausgezogen stehen läßt. Alt, wie die freundliche Inhaberin des Dorflädchens, wo man T-Shirts und Sauerrahm, Exotenfutter und eingelegte Gurken bekommen und Dialektologiestudien betreiben kann, während man wartet. „Häscht no Brot?" — „Ah jo, für hütt han — i — no."
Es liest sich ganz Züritütsch — aber der Tonfall stimmt nicht: es klingt genau, wie wenn ein Hamburger sich bemühen würde, Schweizermundart zu sprechen.
Zurück ins „Lamm" und zu der Wirtin, die gerade gesteht: „Warmes Essen hab' ich nicht, höchstens Bratwürscht."
„Ei", sagte Klaus, „dann nehmen wir also ein Paar Bratwürstchen mit Brot."
Und was geschah? Er bekam ein Paar Bratwürstchen mit Brot und ich durfte daneben sitzen und in die Röhre gukken.
Nein, ich will ehrlich sein: Herr Klaus gab mir mindestens die Hälfte davon ab, bröckchenweise. Schön gerecht: ein Bröckchen ich, eins die Zita. Klaus ist gut zu den Hunden.
Und doch ist er gleichzeitig auch ein rauher Knabe, der ein rauhes Handwerk betreibt und entsprechende Scherze mit mir aufführt.
Letzthin lag morgens vor meiner Haustür ein Plastiksack, milchig betaut zwar, aber immerhin noch durchsichtig. Ein Füchslein war darin, fahlgelb das Fell, das Köpfchen zur Seite abgeknickt, der Körper ein einziger Blutklumpen, von der tödlichen Kugel zerfetzt. Und auf dem Plastiksack eine blauschwarze Krähe, die Beine in flaumigen Gamaschen himmelwärts gestreckt. Raubwild und Raubzeug, Schädlinge im Hühnerstall, Schädlinge in den Singvögelnestern, sie müssen ausgerottet werden. An den Gedanken kann man sich ja gewöhnen — aber an den Anblick der verstümmelten Kadaver ...

Ich habe mich zusammengenommen, kein Wort gesagt. Weichherzigkeit toten Tieren gegenüber gilt als Sentimentalität, falsche Naturromantik; und vor allem zeigt sie die Kerbe auf, in die man immer wieder hauen kann. Da halte ich mich lieber schön still.

Die „Belohnung“ für mein Verhalten ließ denn auch nicht auf sich warten: man ersparte mir immerhin die Besichtigung des wildernden Tigerkaters, den eine Schrotladung in Stücke gerissen hat.

Es ist Sonntag, der Sauerbraten — ich hatte mir das Jägerleben im einsamen Waldhäuschen etwas weniger kleinbürgerlich vorgestellt — ist abgetragen. Anscheinend hat er geschmeckt: „Wie bei meiner Mutter“. — So, so.

Die Revierpächter müssen den Tag bei Frau und Kind verbringen. Mir soll's recht sein.

Zita liegt draußen an der Sonne, sie ist faul nach ihrer heutigen Untat. Da hat sie doch im Garten mit zarter Pfote trockene Grasbüschel zur Seite geschoben — und was liegt darunter? Ein Nest mit vier jungen nackten Mäusen drin. Und sie geht und frißt sie einfach auf, mit dem unschuldigsten Blick der Welt verzehrt sie Köpfe, zuckende Schwänze und sämtliche Knöchelchen.

Der Herr Jagdaufseher ist auf der Faulpürsch, d. h. er schleicht ein bißchen im Wald herum und guckt, was sich so tut. Eigentlich wäre ich der Zita einen Spaziergang schuldig, aber ich spüre das Tief, das über den Ärmelkanal nordostwärts zieht und lege mich lieber mit Tschechow ins Bett.

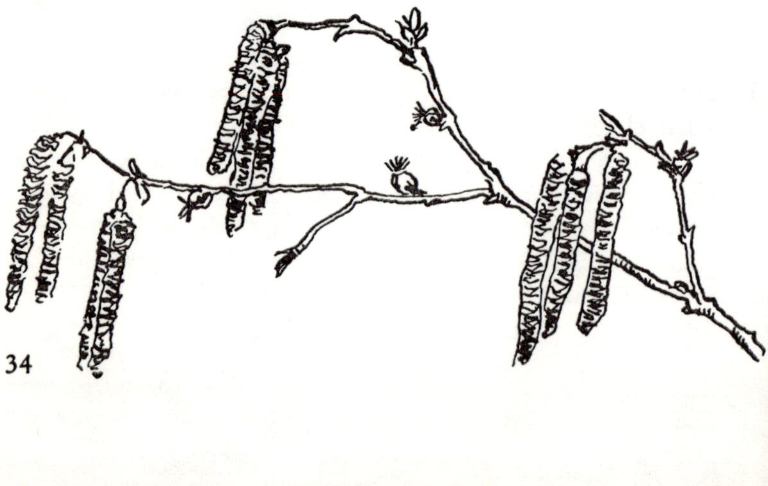

Im September

Es regnet, und ich bin froh. September, und schon kalt! Ein scharfer Wind weht, und die Blätter der wilden Rebe fallen rot und gelb auf den Terrassenboden. Trotzdem freue ich mich: Regen bedeutet Ruhe. Der Wind kühlt die Jagdpassion ab, und der alte Jagdherr fürchtet um die Gesundheit seiner Bronchien. So bleibt er zu Hause in seiner Stadtvilla, und mir bleibt es erspart, die Spuren seiner Übernachtung im großen Haus zu beseitigen. Ein bißchen Staub wischen werde ich schon, drüben im „Schlößle", wie die Dorfleute sagen, aber erst später, wenn's heller ist. So ganz geheuer ist mir das Haus nicht. Es ist immer dunkel, auch am hellsten Sommermittag kommt man ohne elektrisches Licht nicht aus. Zu viele Tannen stehen zu nah am Haus. Die Einrichtung wirkt düster, zuviel schwarzes Schmiedeeisen, an der Decke drückende Balken; und allzuviel Hirschiges und Bockiges: Hunderte von Trophäen an den

Wänden; Gehörne, Spießer und Gabler, krumme oder einseitige. Dann Geweihe von kapitalem Rotwild, elephantöse Keiler-Waffen, in Bronze gegossene Hirschsiegel aus den Karpa-

ten, Sauschwarten auf dem Fußboden. Preise, Medaillen, Ehrenurkunden überall. Der einzige, den ich manchmal kurz streichele, ist der Perückenbock mit seinem Kindergesicht. Die sind selten, die Perückenböcke. Ihren Namen haben sie von einer Mißbildung des Gehörns, das zu einer in die Stirn gekämmten lockigen Hochfrisur verkümmert ist. Ursache ist eine Erkrankung der männlichen Geschlechtsorgane, meist durch Verletzungen entstanden. Stacheldraht!
Im Treppenhaus hängt eine Schneeziegendecke, rundherum mit grünen Filzrüschen abgesetzt; der Kopf mit dem griechischen Profil und den scharfen Sichelhörnern wirft sein Schattenbild an die Wand.
Der Elchschaufler aus Alaska mit seinem langen Haupt und den weitausladenden Schaufeln ist mir unheimlich; man möchte glauben, er drohe mit seinem ganzen zottigen Leib durch die Mauer zu brechen. Er kommt mir gar nicht tot vor. Vielleicht weil er täglich büschelweise Haare verliert.
Auf Gläsern, Untersetzern, Flaschenöffnern, Aschenbechern, Geschirr und Besteck: überall Jagdmotive, überall Horn und Zahn. Ein bißchen monoman, das Ganze — und finster.
Ich bin immer recht froh, wenn ich wieder draußen bin.
Es ist 19.30 Uhr. Vor meinem Fenster unterhalten sich zwei Jäger.
„Haben Sie Waidmannsheil gehabt?"
„Ich? Nein. Keinen Schwanz hab' ich gesehen."
„Wo sind Sie denn angesessen?"
„Oben. Im Rundelwald, auf der neuen Kanzel."
„Auf der mit den hellen Schwarten?"
„Nein, auf der unteren. Die obere, hab' ich ja gleich gesagt, steht falsch. Da ist keine Deckung, der Wind kommt von allen Seiten dazu. Das schwankt ja da oben ... die hätte man mehr nach hinten setzen müssen, mehr zu den Buchen hin."
„Gar kein Stück ist Ihnen gekommen?"
„Nein, ich sag's ja. Ausgerechnet heute war der Bauer zum erstenmal da mit dem Mähdrescher. Er rattert jetzt noch da herum. Ja, die rote Katze, die schon gestern herumschlich, die treibt sich ja immer herum. Die wird auch eines Tages fehlen,

verlassen Sie sich drauf. Aber heute wollte ich mir mit dem Schuß auf die Katz den Ansitz nicht verderben. Nachher war dann aber trotzdem nichts."
„Ich habe aber doch einen Schuß gehört, da hinten."
„Hab' ich auch. Aber das war weiter drüben, beim Nachbarn. Von uns ist im Rundele keiner gesessen. Nein, das war beim Nachbarn."
„Meinen Sie?"
„Ja, ich bin abgestiegen und weiter nach vorn gepürscht. Ich hab' mir noch gedacht, hoffentlich ist's nicht der starke Bock, auf den unser alter Herr aus ist. Das wär was!"
„Allerdings — aber möglich ist's schon, so nah bei der Grenze. Der Bock wechselt doch immerzu von unserem Revier zum Nachbarn und umgekehrt."
„Hab' ich zum alten Herrn auch gesagt. Der wechselt nämlich, und wenn wir Pech haben", sag' ich, „ist er weg. Der Nachbar hat den doch auch längst schon bestätigt".
„Das denk' ich mir. Wissen Sie was — ich fahr' nachher rasch zu ihm rüber und frag', was los war."
„Freilich, tun Sie das. Das wär' ja was, wenn dem alten Herrn sei' Böckle weg wär'!"
„Sie hören dann von mir. Na denn — Waidmanns Ruh."
„Waidmanns Dank. Also ich hör' von Ihnen. Bin ja gespannt, was los war."
Ich rechne nach. Neunzigjährig ist der alte Herr. Siebzig Jahre, kann ich einsetzen, jagt er schon. Zehn Böcke im Jahr? Ja, das kann man im Schnitt annehmen. 70 x 10 = 700. Und wenn's nur 600, nur 500 waren — auch nicht schlecht. Ja — das „wär" wirklich was, wenn dem alten Herrn „sei' Böckle weg wär."

Ein Jäger aus dem Bilderbuch

Hinter dem nicht sonderlich ansprechenden Namen Anton Schnekenburger steht der dritte Mitpächter unseres Reviers, ein Mann um die Dreißig. Grün von Kopf bis Fuß auch er; sein Lederjanker ist mit grüngelb gemustertem Trachtenstoff gefüttert; was zwischen seinen grünwildledernen Pirschstiefeln und dem Kniebund seiner Samthose zu sehen ist, mit Zopfmuster bestrickt, darf sich auch sehen lassen. Zu seinem schwarzen Lockenkopf, dem Kräuselbart und dem hübsch gestutzten Schnurrbart paßt die kurze Pfeife gut. Ein sauberes Mannsbild, ein Jägersmann wie aus dem Bilderbuch. Ich mag ihn, weil der Weg zum Herzen der Mutter über das Kind führt: er ist der einzige, der mit meiner Zita schmust.

Manchmal, wenn trockenes Wetter ist, nimmt Herr Schnekenburger seinen schönen schwarzen Spaniel mit auf die Jagd. Wenn sie zusammen zurückkommen, werden die langen Spaniel-Behänge mit einer mitgeführten Bürste sauber gemacht, dann wird sein Fell nach Zecken abgesucht und gestriegelt. Artig sitzt der „Bastian“ da und hält seinem Herrle die Pfoten der Reihe nach hin: die Klümpchen feuerroter Lehmerde, die sich zwischen den Ballen festgesetzt haben, werden sorgfältig entfernt.

Wirklich ein elegantes Paar, der Herr Schnekenburger und sein Bastian.

„Unterschätzen Sie mir den Mann bloß nicht“, sagte Herr Klaus. „Schauen Sie sich mal seinen Hut an. Da steckt nicht nur sowas wie Eichelhäherfedern und vom Boden Aufgeklaubtes, was der Bussard verloren hat. Nee, das ist alles Gold und Silber, was da glänzt. Alles bei Bundesmeisterschaften im jagdlichen Schießen geholt. Das soll ihm mal einer nachmachen. Der Schnekenburger ist bei weitem der beste Schütze in unserem Kreis.“

Das Jagdgesetz erlaubt im allgemeinen, Katzen zu schießen, die weiter als 200 m von der nächsten Behausung entfernt in Feld oder Wald angetroffen werden. In unserem Bundesland hier

läßt man den Katzen mehr Spielraum: sie dürfen 300 Meter weit weg von zu Hause, bevor sie für den Jäger zu Raubzeug werden.
Herr Schütz hat für Katzen nichts übrig. Sie gehen auf Enten und Junghasen und machen die Singvögel kaputt. Ob gestreift oder gescheckt — weg müssen sie. Er räumt fleißig auf unter unseren Haustigern und verschafft seiner Aschta dabei ein grausiges Vergnügen, indem er ihr die nur angeschossenen Katzen zum „Fertigmachen“ überläßt. Die große Vorstehhündin ist kräftig. Das Katzentöten macht ihr keine Mühe, nur Spaß.
„Aber Herr Schütz — Sie machen das doch nicht etwa absichtlich? Daß Sie die Katzen nur so leicht . . . ?“
„Ah nei, absichtlich — aber es kann doch immer wieder mal vorkommen, daß man nicht gut trifft, gell?“
Immer wieder mal.
Ja, die Aschta ist groß. Aber gestern ist Herrn Schützens Katzenjagd doch beinahe ins Auge gegangen und zwar in klein Trudeles Auge.
Herr Schütz und Herr Klaus wollten ins Tälchen hinunter zum Entenwasser und ich ging mit, weil es Sonntag war und ich

mich an diesen Tagen an den schönen Brauch der Sonntagsruhe halte und mich möglichst vor jeder Arbeit drücke. Es war warm, obwohl schon die ersten Herbstzeitlosen im Klee standen. Am Entenwasser — einem trüben Rinnsal — war es ruhig. Schwimmvögel waren keine zu sehen, ein leichter Wind strich durch das spärliche Schilf. Wir drei gingen träge und langsam dem Bächlein entlang. Die Hunde, frei für einmal, hechelten durch die nahen Kornfelder und stöberten zwei, drei Rehe auf. Geschossen wurde nicht.

Da — ein Rascheln. Eine große, graue Katze schleicht geduckt durchs Gras. Herr Schütz überlegt nicht lange: es knallt.

Die kleine Dackelin Trude ist schneller als die Aschta. Ab durchs Wasser geht sie und auf die Katze los, die zappelnd auf dem Rücken liegt. Trude ist angriffig, aber schmal gebaut und leicht, und die Katze, mit dem Mut der Verzweiflung und der Kraft des Schmerzes, hängt sich ihr an den Hals, krallt sich an den Behängen fest, kratzt und beißt Trude, wo sie nur kann, in die Nase, die Pfote, den Nacken. Wer laut schreit und klagt, ist der Hund. Von der Katze kommt kein Laut. Stumm rächt sie sich für zahlreiche Artgenossen.

Kann es Kameradschaft sein oder ist es bloß Jagdfieber, Raubzeugschärfe, was die Aschta daherstürmen läßt? Mit einem Satz ist sie über den schmalen Bach gesprungen, schlägt die Zähne ins Katzengenick, reißt die Graue weg von ihrer Kollegin Trude. Und bringt der Katze einen erstaunlichen Tod: sie taucht sie ins Wasser und hält sie so lange fest, bis sie ausgezuckt und ausgeschnauft hat.

Trude zog aus ihren Verletzungen beträchtlichen Krankheitsgewinn: Sie genoss es, den ganzen Tag lang von ihrem Herrchen gehätschelt und bemitleidet zu werden.

Allein

Frau Angerhaus badet im lauen Mittelmeer, der alte Herr hat sich zu Hause um seine Logiergäste zu kümmern und der Schnekenburger brachte mir am Morgen einen Korb Pflaumen aus seinem Garten und sagte: „Abends kann ich heute nicht ansitzen, meine Frau hat Geburtstag und hat Leute eingeladen". Da wird also seine Frau einmal im Leben sechsundzwanzig und will ein bißchen feiern. Und ihm tut's leid um den Bock, den er vielleicht hätte ansprechen können.
Gestern sah ich den Klaus zum ersten Mal in Zivil, in braunem Tweed, ohne Gewehr, ohne Fernglas von dannen ziehen, nach Hause, in den kleinen Ort im hessischen Hinterland, wo im Wald das alljährliche Kartoffelbratfest mit seinen Kameraden steigt und wo sich, wie er sagte, alle „ganz schön vollaufe lasse". Zum ersten Mal verabschiedete ich mich ohne „Waidmannsheil" von ihm. Ein schlichtes „viel Vergnügen" schien mir eher am Platz.
Ich hatte mich auf's Alleinsein gefreut und mir vorgenommen, diesen Tag so zu verbringen, wie ich es in meinem früheren Leben oft und oft getan habe: mit sauberem Nichtstun.

*

So blieb mein Bett ungemacht und der Staub im unaufgeräumten Wohnzimmerchen gemütlich liegen. Wozu soll ich mich plagen, es kommt ja heute niemand. Nun sieht's bei mir aus wie „bei Vohsens Emma", — würde Klaus sagen.
Die Sonne scheint, in der Luft prickelt der Frühherbst. Richtiges Wanderwetter.
Eigentlich ist es barbarisch, den köstlichen Schwarzwälderschinken zum Frühstück zu braten. Aber mit den drei Spiegeleiern zusammen sieht er lecker aus und schmeckt auch so. Die Hunde bekommen ihr Fressen: Hirsebrei mit Schweineherz und geschabten Möhren. Kaltherzig sperre ich Aschta und Trudele wieder in den Zwinger und gehe mit Zita in den Wald.

Herr Klaus hat mir eingeschärft, immer mein Pistölchen mitzutragen, wenn ich allein losziehe und hat damit vielleicht nicht unrecht. Zum unbekümmerten „es wird mir schon niemand etwas tun“ sollte doch auch das sachlichere „aber *falls* es jemand versuchen wollte, könntest du hier um Hilfe schreien, bis du schwarz bist“ kommen. So stecke ich denn die kleine Handtaschenwaffe, Kal. 6 x 35, ein. Sehr geschickt habe ich mich nicht angestellt, als mir Herr Klaus beibrachte, das Magazin einzuschieben und die Patronen einzufüllen. Immerhin, ich kann's jetzt. Ganz geheuer ist es mir in hautnaher Gesellschaft dieser Faustfeuerwaffe nicht; sie ist vollautomatisch. Wenn ich einen Schuß abgegeben habe, springt die nächste Kugel in den Lauf. Die Waffe ist durchgeladen. Könnte sie nicht losgehen, einfach so, von selber? Ach was, beruhige ich mich. Nach dem Schuß werfe ich das Pistölchen einfach ganz weit weg. Bei meiner Zielsicherheit träfe ich mit meinem in die Luft gefeuerten Warnschuß meinen Angreifer sowieso gleich mitten ins Herz und hätte nichts mehr von ihm zu befürchten.

*

Ich laufe am Waldrand entlang. Zitas Steuerabzeichen und ihre Tollwutmarke klingeln leise neben mir her. Sonst vollkommene Abwesenheit jeglicher Zivilisationsgeräusche. Mein Häuschen ist kilometerweit vom nächsten Aussiedlerhof entfernt. Es gibt keinen nahen Kirchturm, kein Glockengeläute, keine Stimmen, keine Autohupen, keine Schritte. Nicht einmal ein Hahn kräht.

Die Stille wird laut, die Ohren geschärft für das Knacken der Zweige, das Fallen der Tannenzapfen. Die Eichelhäher lachen ihr unschönes Stakkato. In der Luft summen die — hoffentlich — letzten Wespen, die in den Sommerwochen eine rechte Plage gewesen waren. Ein großes Nest hatte ich unter dem Hausdach, vier weitere in Mauslöchern im Garten. Eines davon habe ich einmal gründlich mit Anti-Motten-Spray ausgespritzt, schnell ein mitgebrachtes Brett darüber gelegt und bin dann eiligst weggerannt. Der Imker, der gelegentlich bei uns

vorbeischaut, lachte, als ich ihm von meiner Vertilgungsaktion erzählte.
„Haben Sie denn auch einmal nachgesehen, ob's gewirkt hat? Nein? Sie sind mir ja eine Heldin! Wer weiß, wenn die Wespen die Aufschrift auf Ihrer Mottengiftbüchse nicht gelesen haben ..."
Auf alle Fälle sind noch mehr als genug da.
Das Korn ist überreif, von Wind und Regen stellenweise in tiefen Wannen zu Boden gedrückt. Auf den gelben Gerstengrannen liegt eine herbstliche Silberspülung. Rund drängen die Futterrüben aus den Furchen. Höchste Zeit für die Ernte.
Bedrohlich knurrend springt Zita hoch in die Luft und läßt sich mit geschlossenen Vorderpfoten schwer auf vorbeihuschende Mäuse fallen.
Ich pflücke Blumen, lila Disteln, braunvioletten Wiesenknopf, langhalmige Seggen, rosig überhauchte Baldriandolden, drei faustgroße Karden. Dazu ein Stengelchen Centaurium umbellatum: Tausendgüldenkraut. Alles in rötlichen Schattierungen Ton-in-Ton gehalten, ein Feldblumenstrauß für den Salon. Ich bin fürchterlich stolz darauf. Weiter unten, im sonnigen Himmelstälchen, finde ich hellrote Moschusmalven und schone die seltene Apfelrose, deren große rote Blüte durch fiedriges Blattwerk leuchtet.
Was, wenn der blumenlose Herbst kommt, der Winter, vor dem man mich mit erstaunlichem Mangel an Einfühlungsvermögen immer wieder warnt? „Bei uns hier in Herdingen haben wir während drei Vierteln des Jahres Winter. In den übrigen drei Monaten ist es einfach sonst kalt."
Und: „Ab Ende Oktober gibt's hier oft schon Schnee".
Und noch: „Es kann schon vorkommen, daß man hier oben gelegentlich ein, zwei Wochen eingeschneit bleibt."
Bitte nicht.
So laufe ich weiter, auf der offenen Hochebene jetzt wieder, wo der Blick weit ist, an sommerlich klaren Tagen bis in die Schweizer Alpen. Aber heute sieht man nichts.
Der Sommer ist vorbei.

A la Chasseur

Das „Fleisch des Waldes“, die Pilze, hatten in meinem städtischen Vorleben immer zu meinen Lieblingsspeisen gehört. Pfifferlinge, Reizker, Steinpilze trug ich jeweils vom Wochenmarkt in großen Mengen nach Hause. Bedenkenlos.

Als ich einmal um sechs Uhr morgens im heimatlichen Zürich ein Kilo Mischpilze gekauft und bezahlt hatte, traten zwei graugekleidete Herren mit Aktenmappen auf mich zu und hinderten mich am Weggehen: Pilzkontrolleure. Ich mußte meine Pilztüte wieder ausschütten, vier Brillengläser beugten sich über den Inhalt. Nasen schnüffelten, Finger drehten und wendeten. Dann war ich entlassen. Aber der alte Sammler und Händler bekam eine Buße. „Sie verkaufen hier seit neunzehn Jahren und wissen genau, daß Sie vor der amtlichen Prüfung keine Ware abgeben dürfen.“

Ein strenger Brauch, gegen den es aber nichts Vernünftiges einzuwenden gibt.

Hier im Waldwinkel gibt es zwar keinen Kontrolleur, dafür aber Pilze. Manche haben von rotem Purpur ein Mäntlein um; dann Boviste, aufgeplustert, weiß; auf dünnen Stengeln ste-

hende Gebilde mit verdächtig schmierigen Käppchen; gelbe Schirme, braune Köpfe, schwärzliche Trompeten. Alles schießt aus dem weichen Waldboden. Herrlich für den Pilzfreund.
Was aber tut der Pilzfreund, der sich, unter der ständigen Fürsorge amtlicher Prüfer, nie zu einem richtigen Pilzkenner entwickelte? Er leidet.
Gier und Feigheit plagen mich. Ich laufe gebückt durch die Wälder und führe Selbstgespräche. Das da ist doch ein Steinpilz. Eindeutig, sei nicht blöd. Gedünstet, mit saurer Sahne und gehacktem Dill — stell' dir den mal vor. Nimm ihn, komm. Und da, wie heißen die nur ... die habe ich doch immer mit Schinkenwürfeln und Zitronensaft gekocht. Petersilie drüber. In zehn Minuten hast Du die feinste Mahlzeit beisammen, mach' schon.
Ich verstaue die makellosen, knackigen Exemplare im gehäkelten Mützchen, im Schal, und eile über Windbruch und Kahlschlag nach Hause. Dort wartet die Rettung: Kläuschen, der Jäger. Schließlich weiß heute jedes Wohlstandskind, was die Bezeichnung „à la chasseur" auf besseren Menukarten bedeutet. Filet chasseur, ragoût chasseur — ist ja klar: „nach Jägerart". Und nach Jägerart heißt: mit Pilzen. Jäger sind Waldläufer und können nicht nur Rehe von Hasen unterscheiden.
Der Klaus sitzt auf der Terrasse, in der Hand die rote Gartenschere, und ist dabei, toten Eichelhähern die blaugesprenkelten Schwingen abzutrennen. Er schickt sie irgendwohin — ich glaube, an eine Hutfabrik — und bekommt fünfzig Pfennig für ein Paar. Die ungeflügelten Vogelkörperchen erinnern mich an meine alte Katze, der eine Krankheit die Ohrmuscheln einschrumpfen ließ und die zuschnappende Haustür den Schwanz amputierte. So lebte sie noch viele Jahre — als erstes stromlinienförmiges Katzenmodell.
Ob das Schwingenknipsen wohl eigentlich zu meinen Aufgaben gehören würde? Ich begrüße Herrn Klaus betont freundlich und steige kommentarlos über die Vögel, die sich vor der Tür stapeln.
„Ich habe etwas für Sie", sage ich und zeige ihm einen großen, schönen Pilz. „Den kann man doch essen?"

Er blickt flüchtig auf.
„Nee."
Ich suche einen aprikosengelben mit flachem Dächlein hervor.
„Und den?"
„Nee."
Ich zeige ihm eine Handvoll Ziegenlippen.
„Und was ist damit?" Auch nicht eßbar?"
„Nee."
Ich gehe in die Küche und breite alle Pilze auf dem Tisch aus. Sie duften nach Erde, Laub und Tannennadeln, nach Gutem und Echtem. Sie können ganz bestimmt nicht giftig sein. Ganz bestimmt nicht?
Sie werden alle, zusammen mit den flügellosen Hähern, in Herdingen auf der Mülldeponie landen. So kommen wenigstens die streunenden Füchse zu ihrem Menu „à la chasseur."
Aber mein Eigensinn ist ungebrochen. Abends kommt Herr Schnekenburger.
„Mögen Sie Pilze?" frage ich ihn.
„Sehr. Warum?"
„Weil sie hier in rauhen Mengen wachsen. Heute habe ich mindestens ein Kilo gesammelt."
„Seien Sie bloß vorsichtig! Ich kenne mich da gar nicht aus." Er zögert, dann flüstert er: „Und er, der Klaus, auch nicht, das will ich Ihnen aber sagen. Letztes Jahr brachte er mir junge Wiesenchampignons. Meine Frau hat sie in der Stadt von einem Spezialisten durchsehen lassen — Gottseidank, sonst wär' ich jetzt nicht mehr da. Ein Knollenblätterpilz war darunter, giftiger geht's nicht. Wir haben das ganze Zeug weggeschmissen; dem Klaus hab' ichs aber gesagt. Todbeleidigt war er auch noch: „wenn Sie einem alten Hasen nicht glauben wollen, lassen Sie's eben bleiben'."
Ich fürchte, „à la chasseur" wird in meiner Küche ein Fremdwort bleiben.

Das Glasmännchen

Klaus hockt herum und ist ziemlich unwirsch. Der Ärmste hat's an den Nieren. Das allmorgendliche und allabendliche Ansitzen auf zugigen Leitern kann ich ihm leider nicht abnehmen und die Pürsch im unzeitgemäßen Oktoberschnee auch nicht. Aber dies und das kann ich für ihn im Freien doch tun, wie beispielsweise die zahlreichen Futterstellen überprüfen.
Auf Lichtungen, am Waldrand, überall dort, wo das Wild erfahrungsgemäß austritt, hatten wir Ende letzter Woche Äpfel ausgelegt, die teilweise schon leicht angefault waren. Leckerbissen für das Wild; außerdem eine bewährte Methode, um die Rehe in ihrem Einstand festzuhalten.
So gehe ich denn nachschauen, ob das Wild die Äpfel auch „angenommen" hat, ob es mit dem Gebotenen zufrieden ist und vielleicht sogar Nachbestellungen aufgeben möchte.
Überdies hat Herr Klaus vor kurzem Saufährten im Revier gefunden. Es soll eine Rotte von etwa zwanzig Sauen gewesen sein, die bei uns durchwechselte. Als Standwild haben wir sie hier nicht. Klaus und ich verteilten gleich Maiskolben auf den Wiesen, um die verfressenen Sauen anzukirren. Alles freut sich auf die in Aussicht gestellte Schwarzwildjagd. Denn was ein rechtes Wildschwein ist, läßt sich durch und durch verwenden: die Schwarte gibt Bettvorleger, das Haupt kommt als Trophäe an die Wand und der nicht zu verachtende Rest wird gebeizt, gepfeffert und verzehrt.

*

Zita und ich lassen die fleckigen Stoppelfelder, die von den Bauern nach der Ernte abgebrannt wurden, links liegen. Der Wind wischt über die nassen Wiesen und fährt mir eisig in die Kleider. Auf den grünen Buchenblättern liegt Schnee. Meine Stiefel werden immer schwerer, ich schleppe schon klobige Plateausohlen aus nassem rotem Lehm mit mir herum. Auch Zita trägt rote Kniestrümpfe.
Wir stapfen ins Rundele hinein, einem lichten Mischwald, wo

Eichen, Buchen, Weißtannen in lockerem Verband stehen, von zahlreichen Schneisen durchzogen. Ein bißchen mulmig ist mir schon. „Was", hatte ich Herrn Klaus gefragt, „wenn ich auf die Sauen treffe? Tun die mir was?" — „Ihnen kaum. Aber aufs Hundche müssen Sie aufpassen. Wenn ein starker Keiler die hübsche Zita sieht, kann schon was passieren. Am besten, Sie packen die Kleine und flüchten mit ihr auf die nächste Leiter."
Auf eine Leiter!
„Ja — aber sie wiegt doch 13 kg . . . " Erst da merkte ich, daß es um seine Mundwinkel herum nicht ganz ruhig blieb. Er kann's nicht lassen!
Die Maiskolben liegen noch unter der Eiche am Kahlschlag, ihre braunen Schnurrbärte sind unberührt. Jetzt heißt es für mich, einen weiten Bogen schlagen, zuerst ein Stück hügelabwärts, an zwei Apfelablagen vorbei und dann auf dem schmalen, kleebewachsenen Weg durch den Fichtenwald zurück.
Das Wasser tropft schwer von den Bäumen. Es klingt wie Schritte in der Stille. Zita sträubt die weiße Halskrause und knurrt. Ich bleibe stehen. Es *sind* Schritte; aber für Sauen sind sie zu leise. Die machen, wenn sie durchs Gehölz brechen, einen Krach „wie die Amis beim Herbstmanöver", sagte Klaus.
Zita bellt und stutzt, den Kopf starr zu den Fichten hin gewendet. Richtig da steht jemand, hinter einem Baumstamm. Ein Mann.
Mein Herz steigt plötzlich in den Hals hinauf und beginnt dort zu klopfen. Ich sehe mich als ungelöstes Aktenzeichen unter einem Reisighaufen liegen. In der Manteltasche habe ich meine Pistole. Zum Entsichern würde ich beide Hände brauchen und eine Weile dauern würde es auch.
Der Mann sagt etwas:
„Entschuldigung — ich fürchte mich vor Hunden — beißt Ihrer?"
„Zita! Bei Fuß, sofort! Ich hoffe, ich werde ihn halten können. Aber bleiben Sie lieber zurück!"
„Gut, daß ich endlich jemanden treffe. Ich wohne im Dorf da drüben bei Freunden und habe mich dummerweise verlaufen. Das kann einem beim Pilzesammeln schon mal passieren, daß

Ein Häher plärrte und schwang sich auf einen niedrigen Ast gerade über dem Fuchs

Die getigerte Katze, die auf der Sundinger Blöße wildert . . .

man nicht auf den Weg achtet. Wie komme ich denn nun am besten nach Bergheim zurück?“
Er macht ein paar Schritte und bleibt auf der Lichtung stehen, die Zita immer im Auge behaltend. Jetzt erst sehe ich ihn deutlich: wahrhaftig, der Schatzhauser im grünen Tannenwald ist's, Wilhelm Hauffs Schwarzwälder Glasmännchen! Schmächtig, mit Gamaschen, Strickmütze und Stahlbrille, ein Spankörbchen am Arm. Und fürchtet sich vor Zita. Der Gute.
„Pilze?“ frage ich. „Was denn für Pilze?“
„Edelreizker. Fünf Kilo etwa. Der Korb wird mir schon lästig.“
Mein Unbehagen über diese Begegnung in der Einsamkeit ist verschwunden.
„Sind Sie denn Kenner?“
„Das darf ich wohl behaupten. Gestatten — meine Name ist Schneider. Ich bin Lehrer in . . . “
Den Ortsnamen verstehe ich nicht. Irgendein Wort, das auf . . . ingen endet.
„ . . . und meine Freunde in Bergheim haben mir diese Gegend fürs Pilzesammeln empfohlen. Die wissen, daß das mein Hobby ist. Pilze — und Schmetterlinge.“
„Herr Schneider“, sage ich, „am besten, Sie kommen mit mir. Nach Bergheim ist's immerhin eine Stunde zu gehen. Was sollen Sie sich mit dem Korb abschleppen. Ich — wir — wohnen ganz in der Nähe und können Sie nachher zu Ihren Freunden fahren. Wir müssen ohnehin noch zum Einkaufen“.
Er scheint mich edel, hilfreich und gut zu finden, so, wie er sich bedankt. Schüchtern trippelt er hinter mir her. Zitas größter Tag: jemand hat sich vor ihr richtig gefürchtet.
Zuhause bekommt er eine Tasse Tee, ich bekomme ein Kilo Reizker und dazu die narrensichere Beschreibung ihrer untrüglichen Kennzeichen, in peinlicher Ausführlichkeit. Später fahre ich ihn in Klausens altem Wägelchen nach Bergheim.
Abends gibt's in frischer Butter gebratene Reizkerköpfe. Ich esse sie ganz allein auf. Das muß ich wohl, denn Klaus beteuert: „Pilze sind bei Nierenschondiät strengstens verboten, sagt der Arzt. Ehrlich.“

Baum-Enten

Ich lebe! Der Bann ist gebrochen, alle paar Tage stehen Reizker auf dem Tisch, die ich mir gleich hinterm Haus ohne jede Mühe beschaffe.

Die Tage schrumpfen. Wenn ich um vier, halb fünf aufstehe, ist es ringsum ganz dunkel. Die Jagdlust der Herren Pächter scheint mir matter geworden zu sein. Nur noch selten läßt sich einer von ihnen morgens hier blicken. Die Böcke sind „zu", d. h. sie dürfen seit 15. Oktober nicht mehr geschossen werden. Trophäen sind keine mehr zu holen.

Mir ist's recht so. Wenigstens wird in meiner Küche kein Gehörn mehr abgekocht.

Um sechs herum beginnt der Tag zu grauen und bringt auch bis mittags nicht viel mehr Farbe zustande. Das elektrische Licht muß ich lange brennen lassen: der schwarze Wald steht unmittelbar vor meinem Häuschen.

Es hat keinen Altweibersommer gegeben dieses Jahr. Dafür durfte ich eine meteorologische Ausnahmesituation miterleben: noch nie ist es bisher in diesem Jahrhundert vorgekommen, daß hier schon im Oktober der Schnee liegen blieb.

Jetzt liegt er aber, auf Büschen, Bäumen und den letzten, dürftigen Rosen. Jungfernwinter!

Die allgemeine Betriebsamkeit hat nachgelassen, Jagdgäste kommen kaum noch her. Aber Klaus hat bis Ende des Jahres dafür zu sorgen, daß noch dreißig Stücke geschossen werden, um die Rehpopulation im Revier ins Gleichgewicht zu bringen, und so hängen immer wieder Geltgeißen und schwache Kitze zum Auskühlen an der großen Eiche vorm Haus. Vor ein paar Wochen noch lief ich steifbeinig, abwehrend an den baumelnden Gestreckten im Eichenlaub vorüber; jetzt schaue ich zuweilen sogar hin. Und weiß inzwischen, daß es die alten Stücke sind, die jetzt noch ihre rote Decke tragen, während die jungen (Schmahlrehe, Kitze) schon winterlich braun (eben — rehbraun) verfärbt haben. Da habe ich doch tatsächlich etwas gelernt.

Und als letzthin im Fernsehen ein Film lief, dessen Held sich bei seiner Schwägerin „Papas Drilling“ ausborgte, weil er zu einer Treibjagd eingeladen war, sagte ich zu Herrn Klaus: „Schauen Sie, schauen Sie — das sind doch nur zwei Läufe an dem Gewehr — nebeneinander, sehen Sie doch! Eine Querflinte, gell? Überhaupt kein Drilling!“ und kam mir sehr erfahren vor, als er „Kerle! Tatsächlich!“ brummelte. Er hätte es selber nicht einmal bemerkt, da er vor dem flimmernden Bildschirm halb eingeschlafen war. Es war ja auch schon halb sieben und seit dem frühen Morgen war er beschäftigt gewesen, hatte Fasanenschütten (Futterstellen) aufgefüllt, zwei Stücke aufgebrochen, die Mähmaschinenmesser geschliffen, den Garten aufgeräumt, Gewehre gereinigt, gepürscht.
Nachdem er sich verabschiedet hatte, saß ich noch eine Weile da, rauchte eine Zigarette und hörte den Siebenschläfern zu, die unter den Dachbalken ihr lärmiges Unwesen trieben. Was die da oben „schaffe“, und ob sie sich ein Häusle baue, weiß ich nicht, aber ungeheuer ruhelos und fleißig sind sie auf alle Fälle. Schwäbische Siebenschläfer tragen ihren Namen zu unrecht.

*

Die verschiedenen Rehfarben sind mir also jetzt bekannt, und bei Gewehrläufen kann ich schon bis drei zählen. Aber als ich dem Klaus morgens, als er durchfroren vom Ansitz kam und seinen Handkäse mit Musik (Harzer Stinker, mit Öl, Essig und viel Zwiebeln angemacht) frühstückte, erzählte, im Hof sei eine Stockente herumgelaufen, sah er mich ungläubig an. Doch, beteuerte ich. Hinter der Eiche sei sie hervorgekommen und ganz, ganz sicher sei's eine Ente gewesen, ich hätte die weißen Mittelfedern auf den Schwingen genau erkannt.
„Wo ist sie denn nu hin?“ fragte er.
„Rauf, dort, auf die Fichte. Aufgebaumt.“
Er verschluckte sich.
„So — auf die Fichte. Und hält sich da oben wohl mit den Schwimmhäuten fest, gelle! Mädchen, Mädchen!“

Mein Mütchen war gekühlt. Es dauerte eine ganze Weile, bis ich ihn fragte: „Was war's denn nun aber wirklich für ein Vogel? Viel größer als eine Taube; und ein Fasan war's bestimmt auch nicht."
Er kaute.

„'n Bussard wahrscheinlich. Bei der Eiche liegt noch gestockter Schweiß von dem Kitz, das ich heute weggeschafft habe. Der Geruch wird ihn angezogen haben. Wir haben hier jetzt massenhaft Bussarde. Sie machen sich hinter die Junghasen, aber ändern läßt sich da nichts. Bussarde sind geschützt."

Wildgans, Hausgans, Pelikan

Wie heißt es: „Rom wurde nicht an einem Tag erbaut." Ja — das Jagdwesen ist ein weites Feld und St. Hubertus ist nicht mein Schutzpatron. Aber daß der Klaus, ausgerechnet der Klaus, der jedes Wort dreimal auf der Zunge umdreht, bis er es herausgibt, so ein Tratschweib sein könnte, hätte ich nie geglaubt. Wenn das — inzwischen entstörte — Telefon läutet, und zwar neben seinem Ellenbogen läutet, er müßte nur den Arm gerade machen, um den Hörer in der Hand zu haben, dann ruft er nach mir; egal, ob ich in der Küche, im Keller oder im Garten bin: ich muß kommen und ans Telefon, weil er „das Gequatsch auf den Tod nicht ausstehen kann." So sehr kargt er mit seinen kostbaren Worten. Aber sämtlichen Jägern von meiner aufbaumenden Ente erzählen, das war ihm nicht zuviel. Jetzt necken mich alle damit, ist ja klar, und Herr Schütz sagte lachend: „Mit dem Jägerlatein geht's schon ganz fließend, gell!"

Nur der liebe Schnekenburger, unser Meisterschütze, erinnerte sich, mir zum Trost vermutlich, plötzlich daran, wie sein Vater vor vielen Jahren bei der Wildgansjagd zwei Vögel schoß und sich wunderte, daß deren Schofgefährten nach dem Knall still und unbeteiligt sitzen blieben. Nun erst sah der alte Schnekenburger zu seinem Schrecken, daß er zwei Hausgänse erlegt hatte. Niemand war Zeuge seiner Schande. Sein braver Vorstehhund apportierte flink die zwei Vögel, wie man es ihn gelehrt hatte. Der Schnekenburger aber brach die Jagd sofort ab, beseitigte die unrühmliche Beute und fuhr nach Hause.

„Sehen Sie, solche Verwechslungen können sogar einem erfahrenen Jäger passieren."

*

Gänse scheinen überhaupt gern Verwechslungen zum Opfer zu fallen. Ich denke da an einen französischen Mitpassagier auf meiner letztjährigen Fahrt ins Donaudelta. Das Boot glitt durch Arme und Ärmchen des trägen Flusses, schreckte Reiher und Wildenten auf, ließ schwimmende Hausschweine in seinem Sog strampeln. Plötzlich ein Freudenschrei hinter mir: „Roger! Roger! Les pélicans!“ Und dieser arme Roger verschwendete fast einen ganzen Farbfilm an die weißen Hausgänse, die halb verborgen im Uferschilf saßen.

Klaus brachte zwei Stockerpel mit, und als er sie, vor dem Haus sitzend, zu rupfen begann und die Federn sogar säuberlich in einer Zeitung sammelte, wurde es mir klar, daß sie als Friedenspfeife gedacht waren. „Ich werde sie selber braten, Sie haben damit nichts zu tun, das sollte man ohnehin dem Fachmann überlassen, sonst wird nichts damit.“ — „Fein“, sagte ich und deckte den Tisch.

Das sagte ich vor dem Essen. Die Erpelchen waren nachher leider nicht besonders gelungen: außen verkohlt, innen, an den Schenkeln, noch roh. Ich kaute, schob einige Stückchen unters Rotkraut, ein paar weitere ließ ich diskret zur Zita hinunterfallen. Als ich abräumte, lagen die Brocken unberührt auf dem Teppich. Ob es Klaus bemerkt hat, daß nicht einmal der Hund seine fachmännischen Erpel fressen wollte, weiß ich nicht. Jedenfalls sind wir miteinander versöhnt und machen beide ganz freundliche Nasenlöcher.

*

Klausens Nieren geht es wieder besser, und die Stimmung ist entsprechend. Heute erschien er wieder ganz aufgeräumt vom Abendansitz.

„Schauen Sie, was ich da draußen habe!“

Eigentlich wäre ich ja lieber sitzen geblieben, ich war rechtschaffen müde. Ich hatte den ganzen Nachmittag im alten Vorratsschuppen, der im äußersten Zipfel des Gartens grüngestrichen zwischen den Pfaffenhutsträuchern steht, gewischt, gefegt, Säcke ausgeschüttelt, mit dem Besen nach Spinnweben geschlagen und überhaupt schön gründlich aufgeräumt. In fast jeder Wieselfalle, die ich in einer Ecke stapeln wollte, lag eine dürre kleine Mäusemumie.

Eine gehörnte Großmutter

Ich ging also mit Klaus auf den Hof hinaus. An der Eiche hing ein Stück Rehwild. Mit der Gesetzestreue des Neulings fragte ich empört:

„Aber Herr Klaus! Ein Bock — im November!"

Das Stück schien mir stark und alt und trug ein schäbiges Gehörn: rechts ein kleinfingerlanges Spießchen, links ein dürftiges Knuppelchen, kaum höher als eine Warze. Ein armer, kranker Bock.

„Von wegen Bock" sagte Klaus. „Wofür halten Sie mich eigentlich?"

Und er zeigte mir das schwere Gesäuge: eine Ricke, eine gehörnte Ricke war das. Aus Klausens Rucksack hing auch das schwächliche Kitz, das sie geführt hatte. Bei alten Ricken kämen solche Gehörne zuweilen vor, erklärte mir Klaus. Hormonveränderungen.

Ich dachte an meine Oma, die mit fünfundsechzig plötzlich einen Schnurrbart bekam. Sicher gibt's da eine Parallele.

Der Rickenschädel wird — als relative Kuriosität — eine Trophäe abgeben. Leider. So werde ich die Prozedur des Auskochens wieder aus nächster Nähe miterleben und Deckenhaare und Fleischfetzchen aus dem Spülenablauf herausfischen dürfen.

„Übrigens habe ich noch was" sagte Klaus „der Most ist gekommen."

Er brachte ein hübsches Holzfäßchen ins Haus. Später versuchten wir ihn. Er war frisch und fruchtig. Bei jedem Schluck erhaschte die Zungenspitze die würzige Bestätigung: er begann zu gären. Er war so genau richtig, daß ich mein Viertele Weißen stehen ließ. Wir machten uns mächtig hinter den kräftigen Apfelsaft, aßen grobe Mettwurst und Pfefferkäse dazu und Klaus wurde — man glaubt es kaum — gesprächig.

Er erzählte, wie er auf seinem Weg zur Eichenkanzel — wo ihm dann eben das schwache Kitz mit der gehörnten Mutter gekommen war — bei der Sundinger Blöße ein wenig abseits

im Wald einen Wagen stehen sah. Er wollte der Sache nachgehen — vielleicht war's ein Wilderer? Er pürschte sich heran, ganz dicht an den Wagen. Zwei Leutchen saßen drin, sehr dicht beisammen.
„Ich habe dann gleich gewußt, wem der Wagen gehört", sagte Klaus und schmunzelte. „Den Steffel kenn' ich schon ewig, bin sogar mit seiner Frau zur Schule gegangen. Na — und seine Begleitung ... es gibt in ganz Sundingen nur eine einzige Norddeutsche. Da drin hab ich's ganz deutlich „S-tefan, S-tefan" flüstern hören, da war mir doch alles klar. Wenn die wüßten, daß ich weiß —na, macht ja nichts. Bleibt ja alles Amtsgeheimnis."
So bringt jeder Beruf seine kleinen Freuden.

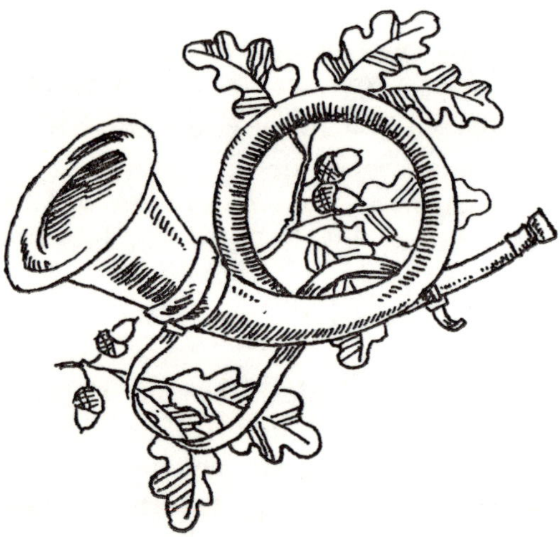

Beinahe Jägerin?

Frühmorgens ziehen wir los, der Klaus und ich. Sein Rucksack ein unförmiger Buckel, meiner wie ein orientalisches Wickelkindchen auf dem Rücken sitzend. Jeder, wie er kann!
Wir tragen Salzlecksteine in die Wälder. Überall sind Sulzen in die Erde gerammt, und wenn Klaus findet, ein Waldstück sei zu spärlich damit beschickt, hackt er schnell ein schlankes Bäumchen um, schält die Rinde ab und spaltet es mit der Axt der Länge nach auf. In diesen Einhieb kommen die Salzsteine, große, bergkristallähnliche Brocken. Die Rehe sind darauf genau so versessen wie Rinder und Ziegen auf die hingestreckte Hand mit dem Salzhäufchen. Wenn's regnet, verflüssigen sich die Steine und zerlaufen stockabwärts, gierig gefolgt von den leckenden Rehzungen. Viele der letztjährigen Stöcke sind dadurch auf Fingerdicke abgewetzt und müssen ersetzt werden.
Flink macht er das, der Klaus, mit knappen Bewegungen; acht oder zehn Stück schafft er in den zwei, zweieinhalb Stunden, in denen wir durch den Wald stolpern. Ehrlicher: ich stolpere; er, der schwere Mann, geht lautlos und sicher, kaum je Wurzeln oder Zweige mit dem Fuß berührend.
Jägersohlen sind leise Sohlen.

Wir sprechen wenig. Auch ich habe mir angewöhnt, im Wald still zu sein und augenblicklich stehen zu bleiben, wenn irgendwoher ein Rascheln oder Flattern zu hören ist. Eine Handbewegung von Klaus läßt mich augenblicklich zur Säule erstarren. Auf diese Weise komme ich zu — für mich Unverwöhnte — hübschen Anblicken: ein Paar Jungfüchse traben daher, ohne uns mit Nase oder Ohr — nein — mit Windfang und Gehör zu bemerken. Verspielt wie Hündchen, springen sie aneinander hoch, schnappen, balgen, überrollen sich. Reizende Biester!
Sie werden nicht alt werden. Obwohl das Revier als tollwutfrei erklärt wurde, muß man doch die Fuchspopulation in Grenzen halten. Klaus tut das auch, als pflichtbewußter Jagdaufseher. Die erlegten Füchse werden sofort verpackt und ans Landratsamt eingeschickt, wo ihm eine Stückprämie gutgeschrieben und zum Jahresende ausbezahlt wird.
Ich stelle fest, daß ich nicht mehr ganz die Zimperliese bin, die vor einigen Monaten in weißen Hosen und gelben Sandalen aus Zürich hier antrippelte. Jedenfalls sehe ich die „reizenden Füchse" schon mit kühler Sachlichkeit auf dem Kragen meiner Winterjacke liegen, schön auseinandergeschnitten und gegerbt. Klaus habe ich schon mehrfach Andeutungen in dieser Richtung gemacht. Er reagierte ähnlich darauf, wie ein Ehemann, den man vor einem Juwelierschaufenster zum Stehen bringen will: abwehrend. Vielleicht, weil er die Füchse nicht abbalgen mag? Die Tollwut ist doch eine äußerst gefährliche Tatsache. Und die bekannten Aufbruchhandschuhe aus Plastic, die unsere Pächter alle mit sich führen, habe ich bei ihm nie gesehen. Nun, er wird sicher auch welche haben, in dem wirren Wust von Utensilien, die auf dem Rücksitz seines Wagens herumliegen. Möchte ich ihm auch geraten haben — wenn ich an die offenen Schrunden und Kratzer an seinen Händen denke.
Ein Hase, ein langer, langer Hase mit großen Sehern im kleinen Kopf hoppelt über den Weg. „Da läuft unser Weihnachtsbraten" flüstert Klaus. Er denkt wirklich nur ans Essen.
Erstaunlich, daß er Hühner und Enten, Has' und Reh nicht schon leid ist. Wieviele mag er erlegt, wieviele aufgegessen ha-

ben! Geht's denn dem Jäger mit den Jahren nicht wie dem Konditor, den Vanille- und Schokoladendüfte nicht mehr halb so sehr verlocken, wie Krautsalat und Schweinebraten? Anscheinend nicht. Bestimmt freut sich Klaus schon während des Essens, wenn auf dem Grunde seines noch halbvollen Tellers das eingebrannte farbige Porträt Meister Lampes zwischen den Spätzle erscheint, auf den nächsten Hasenrücken.
Ein Weihnachtshase! Wahrhaftig, der Osterhase wäre mir lieber. Wie ewig lange dauert es noch bis zu meinem Lieblingsfest! Hoffentlich bessert sich wenigstens das Wetter. Zur Zeit ist es so scheußlich, daß es zum Hauptgesprächsthema geworden ist. Fad — wie bei den Engländern. Und das seit dem verunglückten Sommer, bis in den gegenwärtigen verfrühten Winter hinein. Der Herbst dauerte etwa drei Tage: Regen auf grünen Blättern — Schnee auf grünen Blättern — Schnee auf gelben Blättern — Sturm, Blätter am Boden — Schnee auf nackten Zweigen. Alles im Eilzugtempo.
Auf der früher schier unübersehbaren Hochebene, die ich so gern mit Zita kreuz und quer durchlief, nach Blumen, nach Mäusen suchend, versinkt man im weichen, weißen Nebel, wie ein Löffel im Grießbrei. Man muß aufpassen, daß man mit dem Fuß nicht plötzlich in einen der Krater — fast so groß, wie Granattrichter — gerät, welche die Füchse beim Ausnehmen der zahlreichen Wespennester in diesem Sommer gegraben haben. Wie die das bloß fertigbringen? Bestimmt doch ohne Imkerpfeife und Kopfschutz! Wenn ich bedenke, wie schmerzempfindlich eine Hundenase ist! Zita jedenfalls zuckt vor Wespen vorsichtig — und klug, wie mir scheint — sofort zurück und macht um jede Ansiedlung dieser bösen Insekten einen Bogen.
Die Felder strecken dürre, graue Stoppelfinger zum Himmel. Nur der Mais steht noch. Eine dünne Schneehaut liegt auf den Wiesen, von der sich die vom Pflug aufgeworfenen roten Erdbrocken wie Märzenflecken abheben. Märzenflecken ... Dabei sind's noch 32 Tage bis Weihnachten.

Jagdliches Allerlei

Der gehörnte Rickenschädel hängt jetzt, nach einer Schönheitspackung mit dicken, in Wasserstoff getränkten Wattelagen, an der Wand, neben der antiken türkischen Scheibenpistole, die Klaus wie seinen Augapfel hütet. Die kosmetische Behandlung der alten Dame war erfolgreich. Der papierdünne, elfenbeingelbe Schädel kam, zu klarem Weiß gebleicht, unter der Watte hervor. Jetzt ist Klaus zufrieden. Zuvor hatte er an dem Schädel gestochert, gesägt, geschmirgelt, daß der Tisch wackelte und der feine Knochenstaub durchs Zimmer flog. So ist das eben: Ohne Fleiß kein Preis. (Sprichwort, spätes 19. Jahrhundert, vermutlich schwäbischen Ursprungs.)

Der Unterkiefer der alten Geiß lag inzwischen zum Trocknen auf dem Heizkörper unterm Fensterbrett. An derartige Innendekorationsstücke habe ich mich inzwischen hier längst gewöhnt. Auf meinem Sessel die Lederscheide von Klausens Nikker, in meinem Aschenbecher drei Schrotpatronen, auf dem Eßtisch den Mündungsschutz seines Gewehrs zu finden ist alltäglich und regt mich überhaupt nicht auf. Ich schiebe die Sachen auf ein Häufchen und warte auf den Moment, wenn Klaus mit einem verlorenen Gesichtsausdruck mitten im Zimmer steht und sagt: „Sagen Sie mal . . . wo ist denn mein . . . ?“ Sollte man unter Frauen einmal eine Umfrage nach dem Satz machen, den sie im Verlauf ihres Lebens von Männern am häufigsten zu hören bekamen, so würde dieses „Wo ist denn mein . . . ?“ sicher an allererster Stelle stehen. Es ist die schlechthin klassische Frage, die in unendlichen Abwandlungen ergänzt wird: . . . meine Pfeife? . . . mein Anzünder? . . . meine Handschuhe?

Auf „ . . . mein Gewehr?“ warte ich noch. Zuversichtlich.

Finden scheint weiblichen Wesen einfach eher zu liegen, was auch Zita bewies. Sie erschnüffelte den Rehunterkiefer auf der Heizung, trug ihn in ihr Bettchen und war drauf und dran, das neue Spielzeug zu benagen, als ich dazukam. Der folgsame Hund gab sofort „aus“! Glücklicherweise. Wenn nicht, wäre

ich auf die Frage „wo ist denn mein Unterkiefer?" doch bös um eine Antwort verlegen gewesen.
Wir vertragen uns, Klaus und ich, obwohl wir so verschieden voneinander sind, als käme jeder von einem anderen Planeten. Wenn wir so abends — und es ist jetzt schon ab fünf Uhr „abends" — zusammensitzen, hat er ja einiges mit mir auszustehen. Ich frage nämlich; und das ziemlich oft.
Beispielsweise frage ich ihn: „Sind Rehe eigentlich farbenblind?" Er schaut mich lange an und ich sehe ihm an, was er denkt.
Ich will's aber ernsthaft wissen. Ich hatte mir nämlich Gedanken darüber gemacht, daß der Apfeltrester für die Rehe — eine bräunliche Masse, die mich an die aufgezwungenen Stärkungsmittel meiner Kindheit erinnert — in großen Tonnen herumsteht. Diese Tonnen sind blau, von einem grellen, stechenden Blau, wie es die Natur in solch ungebrochener Häßlichkeit niemals hervorbringt. Nun — und da hatte ich mich eben gefragt, ob dieser Fremdkörper, dieses Kunst-Blau das Wild nicht optisch vergrämen könnte?
Auskunft über dieses Problem bekam ich nicht. Wir sind hier a) kein Institut für Verhaltensforschung und b) sind die Tonnen eines Tages leer. Ob die Rehe bei der Nahrungsaufnahme aus den blauen Tonnen ästhetische Qualen leiden, bleibt weiterhin unbekannt.
Neue Fragen fallen mir ein:
„Glauben Sie, daß es angeborene Intelligenzunterschiede bei Hunden gibt?" Wieder sehe ich ihm an, was er darauf nur allzugern geantwortet hätte: „Nicht nur bei Hunden!"
Er läßt es aber sein und fummelt in seiner Zeitung. Er leistet passiven Widerstand, er hat genug von mir.
Ich schweige also und betrachte die Etikette der Weinflasche, die gerade auf dem Tisch steht.
Ich freue mich über diese Flaschen. Der Inhalt schmeckt und ist harmlos. Kopfweh macht er jedenfalls nicht. Obwohl wir nur preiswerte Literflaschen kaufen, sind die doch so hübsch aufgemacht, wie bei mir zu Hause nicht einmal die teuren Spitzenqualitäten. Goldfolie um den Zapfen, Fünffarbendruck

auf den Etiketten, Bilder von ausgelassenen Zechereien, auch wohl von Rebbergen und lieblichen Flußufern, alles mit buntem Weinlaub verziert. Die Namen sind blumig: „Sängertrunk“ und „Lebensfreud“, „Morgenlicht“ und „Himmelströpfchen“. Wir trockenen Schweizer begnügen uns bei solchen Qualitäten mit einem lakonischen Hinweis auf Sorte und Herkunft: „Fendant du Valais“, beispielsweise. Dazu, wenn's hoch kommt, eine aufgedruckte Weintraube und das Kantonswappen.

Die Frage nach dem unterschiedlichen hündischen Intelligenzgrad beschäftigt mich aber immer noch, und zwar hat das seinen Grund.

Warum, möchte ich wissen, begreift Zita nicht, daß Eichhörnchen eine Gabe besitzen, die ihr, der Hündin, versagt blieb?

Warum bloß merkt sie nicht endlich, daß sie ihnen nicht nachklettern kann? Warum stellt sie sich auf langen Hinterläufen gegen den Baumstamm, an dem soeben ein Eichhörnchen hochkrabbelt, warum dehnt und streckt sie sich nach oben, den schmalen Kopf an die Rinde gepreßt, die Augen verdreht? Warum macht Aschta das nicht? Und Trude, Bastian, Schecki, Susi?

Der Gedanke, möglicherweise einen besonders dummen Hund zu haben, stimmt mich zärtlich. Ich habe Verständnis für Männer mit ausgeprägter Vorliebe für hübsche, liebe, unbedarfte Frauen.

Zita hat in ihrer Arglosigkeit auch nicht begriffen, warum Schützens junger Dackel „Nelly", mit dem sie ausdauernd spielte, plötzlich böse war und nicht mehr mitmachen wollte. Klaus hatte an dem Tag zwei Erpel nach Hause gebracht und sie aufs Steingartenmäuerchen gelegt, während er sich am Brunnentrog die Lehmstiefel abspülte. „Nelly" hatte das Federwild sofort in die Nase bekommen und setzte sich daneben aufs Mäuerchen. Die liebe, blöde Zita hüpfte daher und forderte Nelly wedelnd und bellend zum Weiterspielen auf. Aber Nelly, so jung sie auch ist, dachte nicht daran. Die Enten waren erlegte Beute, die sie, Nelly, als Hund mit verbriefter erstklassiger jagdlicher Veranlagung, zu bewachen und zu verteidigen hatte. Sie schnappte nach Zita und knurrte sie streng an: Laß die Pfoten von meinen Enten, du! Dabei lag Zita jeder Gedanke an diese Vögel fern.

Traurig, daß sich sogar Hunde mißverstehen.

Drei Füchse mit neunzig

Manchmal kommt abends unser Chef, der alte Konsul, in seinem großen Wagen angefahren, den er heute noch selbst chauffiert. Er bleibt nicht lange, will nur mal sehen und hören, ob alles richtig läuft. Ansitzen will er jetzt nicht mehr. Er ist neunzigjährig. Der Bock, den er sich für diese Jagdzeit vorgenommen hatte, blieb im Knall einer anderen Büchse liegen. Er war schließlich doch ins Nachbarrevier gewechselt und dort vom Förster erlegt worden. Mittlerweile haben spätes Morgengrauen und frühe Abenddämmerung eingesetzt, um Leitern und Kanzeln pfeift und saust es, Schnee rutscht unter den Kragen, die Hände werden klamm. Begreiflicherweise will sich das der alte Konsul nicht mehr antun. Als Jäger hat er sich auch in seinem 90. Sommer bestätigt gefühlt, durch den sauberen Abschuß dreier Füchse.

„Na also", sagt der Klaus erleichtert. „Da kann er aber stolz drauf sein. Das ist eine echte Leistung — viel schwieriger zu schießen als der Bock."

Alle freuen sich für den Konsul. Er sitzt da, adrett im frischgebügelten Jagdanzug, trinkt ein Glas Wein oder auch mal ein Schnäpschen und verabschiedet sich bald.

Gelegentlich klopft Herr Schnekenburger bei uns an und raucht ein Pfeifchen in der guten Stube. Ich wasche das Geschirr ab und erhasche Gesprächsfetzen durch die offene Tür:

„... wurde aber dann flüchtig und auch das Büchsenlicht war nicht ..."

„... hab' ich schon angesprochen. Ein starker Sechser, feist im Wildpret, steht da unten im ..."

„... mit Patronen! Ja, auf Elefanten, aber doch nicht ..."

„... aber die fehlt mir grad noch für den Kragen, aber wenn sie haart ..."

Sie denken an die Jagd, sie sprechen von der Jagd und von nichts Anderem. Ich komme aus der Küche und frage:

„Wer oder was fehlt Ihnen für welchen Kragen, Herr Schnekenburger?"

Ist es wirklich das älteste Stück des Rudels?

„Die getigerte Katze, die auf der Sundinger Blöße wildert. Die Katzenfelle fürs Innenfutter meiner Jacke habe ich schon alle beisammen, alles schwarze und weiße, aber auf dem Kragen will ich den grauen Tiger haben, das ist viel eleganter zu Dunkelgrün."

Er scheint vergessen zu haben, daß wir nicht allein sind und wirft einen verlegenen Blick auf den Klaus.

Ich erzähle, daß sich bis zum heutigen Tag der Aberglaube gehalten hat, vierfarbig gescheckte Katzenfelle seien die einzigen, die sich zur Herstellung von wirksamen Antirheumadecken und Nierenbinden eignen und dieser Ruf der Vierfarbigen sogar ihren Preis auf dem internationalen Fellmarkt beeinflusse.

Der Schnekenburger sieht mich unsicher an, Klaus grinst ganz offen und schüttelt den Kopf.

I c h muß immer alles glauben, was mir die Leute hier auftischen, aber wenn ich ausnahmsweise auch mal etwas weiß, nimmt's mir keiner ab. Das ist doch ärgerlich.

Mit Jagen ist zur Zeit, wie gesagt, nicht allzuviel los. Allerdings liegen im Vorratsraum ein paar Fasanen, zwei Rebhühner und Stockenten, die Klaus so nebenbei für Herrn Konsuls Tiefkühltruhe geholt hat. In diesem Kämmerchen ist es dunkel, und wenn ich durch die halbgeöffnete Tür schnell nach Besen oder Lappen greife, fahre ich regelmäßig einem der toten Vögel in die Federn und schaudere prompt dabei. Vermutlich hängt dieses Schaudern mit einer Kindheitserinnerung zusammen: ich mußte damals für meine Großmutter aus dem Dorf ein frisch geschlachtetes Huhn abholen. Die Bäuerin packte es mir ins Körbchen, deckte ein weißes Tuch darüber und ich trollte mich damit heimwärts, zur Oma.

Unterwegs wurde es makaber. Unterm Tuch zuckte es, am Geflecht kratzte es und plötzlich sprang das Huhn ohne Kopf aus dem Korb und torkelte über die Straße.

Ein gespenstisches Erlebnis für ein Kind. Es brachte mich für Wochen aus dem Gleichgewicht und obwohl ich nun weiß, daß es nur letzte Nervenreflexe des geschlachteten Huhns waren, habe ich den Anblick nie vergessen. Tote Vögel sind mir bis heute nicht ganz geheuer.

Die Mausefalle

Ob es Klausens Idee war oder vielleicht doch meine — ich will mich da nicht festlegen. Jedenfalls betreiben wir — verursacht durch die „Flaute in der Branche“ — ein etwas beschämendes Spielchen; beschämend deshalb, weil es kindisch ist, uns aber trotzdem amüsiert.

Vom Wohnzimmer aus führt eine gewundene Holztreppe hinauf zu meinem Schlafzimmer und zum Waschraum, die beide direkt unter dem Dach liegen. Weiter oben gibt's nur noch einen kleinen Estrich, in den man durch eine Falltüre in der Decke gelangt. Der Estrichraum wird von mir nicht benützt — aber leer ist er deswegen doch nicht: der oder die Siebenschläfer leben dort und was da oben die winzigen Trommelwirbel in Sechzehntelsnoten schlägt, sind Mäusefüßchen. Lange beschäftigte mich die Frage, wovon sich diese Nager auf dem Estrich eigentlich ernähren, bis es mir eines Abends durchaus klar wurde: Die Nagerchen nagen. Und zwar an der inneren Holzverkleidung der Falltüre. Sie nagen so laut und ausdauernd, als ob ein fleißiger Lehrling sein Gesellenstück bis zur Vollkommenheit zurechthobeln wolle. Das Geräusch ging mir langsam auf die Nerven und Klaus offenbar auch.

Eines Abends saßen wir unten im Wohnzimmer; oben schabten sie wieder. Plötzlich sprang Klaus auf, holte sich den Haken-

stock und öffnete die Falltür mit einem Ruck: drei Mäuse purzelten herunter, in einer Wolke von Holzspänen, rutschten auf der Treppe aus, überkugelten sich und versuchten, sich in Sicherheit zu bringen. Aber Zita erschien auf dem Plan, übernahm das Amt des Kammerjägers und machte ihnen, einer nach der anderen, durch sauberen Genickbiß den Garaus. Jede trug sie einzeln vor die Tür der Vorratskammer und legte sie dort ab, eine ordentliche Kleinstwildstrecke von drei Stück. Dieses Spiel macht Klaus, Zita und mir Spaß und wird täglich wiederholt.

Und i c h hatte mich doch über Herrn Schütz' Katzenvertilgungsmethoden und Aschtas grauslichem Vergnügen dabei so mißbilligend geäußert! Für den Menschen scheinen immer zwei Maßstäbe zu gelten: einer für die anderen und einer für sich selbst.

Große Treibjagd – kleine Strecke

Es liegt etwas in der Luft, abgesehen nun vom Winter, der im Dezember wohl keinen besonderen Hinweis mehr verdient. Es ist eine fröhliche Spannung, eine Vorfreudestimmung unter den Jägern: unser Jagdherr lädt zur Treibjagd ein! Fünfundvierzig Gäste werden erwartet, die Treiber eingerechnet.
Wie bei allen Gastgebern dreht sich das Gespräch vorwiegend um „Häusliches": Haben wir 50 Schnapsgläser? Ein wichtiger Punkt! Vor der Treibjagd gibt's für jeden einen Schnaps. Ich zähle nach: Wir haben. Treffpunkt wird unser großer Hof hier sein, Frühstück gibt's auf der Sundinger Blöße, wo die neue Waldhütte steht.
Herr Schütz, der Großzügige, der gern schenkt und gern allen eine Freude macht, will ein dickes Schwein eigenhändig zu allerlei Würsten und sonstigen Leckerbissen verarbeiten. Gemeinsam werden wir die Erbsensuppe damit anreichern. Klaus, der Gefräßige, bietet sich an:
„Diesmal, Herr Schütz, lassen Sie mich aber helfen! Ich kann das, ehrlich. Wir haben zu Hause immer selber geschlachtet und die Leberwürste meiner Mutter kann ich heute noch auswendig."
Herr Schütz will nicht.
„Ha, nei, nei, nei! An mei Leberwürscht laß-i keinen ran!"
Frau Schütz lacht. Klaus soll sich nicht kränken — auch für sie werde der Kellerraum tagelang verschlossen bleiben, ihr Mann wolle mit seinem Hobby völlig allein sein. Klaus gibt auf, wir nicken und blicken ehrfürchtig auf den tapferen Herrn Schütz, der die ganze Verantwortung für die Speisung der Hungrigen und Anspruchsvollen so willig auf sich nimmt. Wie gewissenhaft er sich mit seiner Aufgabe beschäftigt! Sogar Kostproben vom Treibjagdschnaps hat er mitgebracht. „Der Letztjährige — ich weiß nicht ... der hat mir nicht gefallen. Da war so'n Nebengeschmack. Jetzt müssen wir den da mal versuchen."
Wir müssen's und wollen's und tun's mit wachsender Begeisterung.

„Den kann man sich gefallen lassen", meint der Klaus. „Ausgezeichnet — verglichen mit dem Zeug, das der Nachbar letztes Jahr bei der Treibjagd geboten hat! Mit sowas lackierten früher bei uns die Tischler die Särge."
Herr Schütz zeigt mir sein Waldhorn im Taschenformat. Ich mache bitte, bitte wie ein Zirkushündchen, und er bläst wirklich was. Erstaunlich, wie rund und kräftig der Ton aus dem Winzling dringt. „Sau tot" gefällt mir besonders gut, und Herr Schütz trägt es nochmals vor, extra für mich. Er macht das vorzüglich, setzt präzise und rein an und läßt den Klang prächtig anschwellen. Aus seinen vollen Backen, vom Schnaps und vom Pusten gerötet, ragt das Minihörnchen kaum über die Nasenspitze hinaus, die blauen Äuglein glänzen: ein richtiges Posaunenengelsköpfchen hat er bekommen — und das auf fast zwei Metern über Bodenhöhe.
Der Schnapskontrolle folgt die ernsthaft betriebene Weinprobe. Die Wahl fällt schließlich auf einen spritzigen Weißen und auf einen leichten Roten.
Ich bin in erstklassiger Stimmung, finde alles irrsinnig komisch und die Mitmenschen furchtbar lieb.
„Voll wie eine Strandhaubitze", sagte Klaus am nächsten Morgen. „Und gegackert haben Sie wie ein alter Fasan."
Bei uns herrscht ein rauher, aber herzlicher Ton.

*

Die Treibjagd ist vorbei.
Wir — ich stelle fest, daß ich je länger desto häufiger das intime Zugehörigkeits-„Wir" verwende — bekamen genau das Wetter geliefert, das sich alle gewünscht hatten; als wär's von einem geschickten Heimatfilm-Regisseur publikumswirksam arrangiert worden: Leichter Frost, Rauhreif auf den Wiesen, blaßblauer Himmel und Sonne. Die Sonne gab zwar nur soviel Wärme ab, wie eine 40-Watt-Birne — aber was kann man im Dezember schon Glühenderes erwarten?
Im Hof lag Schnee, zu unordentlichen, klirrharten Brocken gefroren, und ich balancierte meine Tabletts mit den gefüllten

Schnapsgläsern um halb neun recht tolpatschig über diese Hürden. Kurz danach trudelten meine ersten Abnehmer ein und stellten sich gruppenweise in unserem Hof auf. Ich machte mit meinen Schnäpsen die Runde, fand Interessenten für meine Ware und erhielt auch Körbe. Ich habe den Verdacht, daß es mich mit fantasielosem Rechtsdrall immer wieder in die gleichen Bahnen zog, wie ein ferngelenktes Spielzeugauto — mir war von all dem Lodenzeug ganz grün vor den Augen, und es war mir rein unmöglich, die Jägerköpfe auseinanderzuhalten. So drängte ich wohl einigen unter ihnen drei, vier Gläschen auf, während ich andere einfach ausließ.
Als besonderes Kennzeichen hätten ja die Hunde dienen können, die mit verhaltenem Jagdeifer neben ihren Herrchen saßen, aber ich zählte allein fünf DD-Vorstehhunde. Sie erleichterten mir die Unterscheidung ihrer Besitzer nicht. Dann gab's noch 4 Jagdterrier. „Süße Kerlchen", dachte ich — aber nicht lange: gleich zwei davon fuhren mir mit gehässigem Kläffen an die Hosenbeine und wurden mit der stolzen Erklärung „Nicht anfassen — er ist scharf!" ganze fünf Zentimeter an der Leine zurückgezupft. Nun — ich hüpfte selber auch weg und verschüttete ein bißchen Schnaps auf dem Tablett. Schade — so halbvoll konnte ich den feinen Klaren natürlich nicht mehr anbieten und mußte ihn, scheinheilig hinter der Eiche versteckt, in mein eigenes Kröpfchen wandern lassen.
Gemurmel erhebt sich: der Konsul, der greise Jagdherr, fährt herbei, steigt aus seinem Wagen, begrüßt huldvoll, wie ein leutseliger Regent, die anwesenden Gäste, winkt den Treibern zu, läßt sich ein Schnäpschen bringen. Wie er so dasteht, wird es deutlich, welche Eigenschaft bei der Erhaltung seiner erstaunlichen Jugendlichkeit eine bedeutende Rolle spielen dürfte: Selbstdisziplin und Haltung. Der alte Konsul läßt sich niemals gehen. Er schaut auf seine Linie, er achtet auf seine Gesundheit, er pflegt sein Äußeres. Sein Anzug aus graugrünem Loden ist an Kragen und Manschetten dunkelgrün abgesetzt, seine Weste ziert ausgesucht schöner Grandelschmuck — von selbstgeschossenen Hirschen angefertigt, das versteht sich ja von selber. Seinen letzten — vorläufig letzten, er ist ja erst

neunzig! — Zwölfender hat er erst im Oktober erlegt, als er zur Hirschbrunft in die Steiermark gefahren war.
Der alte Herr hält die traditionelle Ansprache: er freut sich, daß alle Geladenen erschienen sind, er gibt Anweisungen für das Treiben, er dankt Sankt Hubertus für das Traumwetter, er bezeichnet die Stelle, wo es Frühstück geben wird. Und wenn er sich auch etwas allzuhäufig „aus vollem Waidmannsherzen“ freut und „Waidmann“ eindeutig zu seinen Lieblingswörtern gehört, so ist es doch beeindruckend, wie gewandt seine Redewendungen sind, wie klar seine Sprache. Niemals verhaspelt er sich, jeder Satzbeginn findet sein elegantes Ende. Man schaut ihn an und hört ihm zu und jeder denkt dasselbe: so alt kann man also werden und dabei so einen scharfen Verstand behalten und so einen erfreulichen Anblick bieten. Für jeden „Mittelalterlichen“ ein tröstlicher Gedanke —ganz so scheußlich, wie in düsteren Stunden befürchtet, würde die nächste Lebensstufe also nicht notgedrungen sein.
Da und dort jault es ein bißchen auf dem Hof: die Hunde mahnen leise — wann soll's denn endlich losgehen? Aber richtig ungeduldig werden sie erst, als die Bläser sich in einer Reihe aufstellen und den „Aufbruch zur Jagd“ ertönen lassen. Die Jagdhörner blitzen in der Sonne, die Tannen rauschen im

Wind, die Hunde geben Laut. Einer von ihnen, ein langhaariger Dackel, tritt zwei Schritte vor und stimmt mit wohlklingendem Tenor in die hübsche Weise ein. Ob Hunde über ein musikalisches Erinnerungsvermögen verfügen? Beim Begrüßungsblasen waren sie nämlich still dagestanden, als hätten sie gewußt, daß das erst die Ouvertüre war. Aber jetzt geht der Vorhang hoch, der Obertreiber sammelt seine Mannen, unser Jagdherr, unser Jagdaufseher und die Gäste setzen sich in Bewegung und die grüne Schar verläßt den Hof.
Ich auch. Ich muß die vielen Schnapsgläser spülen und mich um meine Zita kümmern, die auf dem Fußende meines Bettes sitzt von wo sie durchs Fenster auf die ungewohnten Menschen- und Hundemengen schaut und eifersüchtig heult.
Kurz nach zwölf erscheint, wie abgemacht, der kleine Lastwagen, der mich zu der Holzhütte am Wald hinunterführen soll. Ha nei — nicht nur einfach mich! Vor allem natürlich die Riesentöpfe aus der Fabrikkantine, in denen längst die Erbsensuppe gluckst, die Körbe mit den hausgemachten Leberwurstbroten und Butterbretzeln und ein Regiment von Wein-Schnaps- und Bierflaschen, dazu Gläser, Teller, Besteck.
Und dann, unten in der neuen Hütte, wo es nach frischgeschälten Stämmen und bald auch nach Suppe duftete, gerieten die Abläufe durcheinander. So, als hätte eine Filmkamera verrückt gespielt und einmal auf „Zeitraffer" und einmal auf „Zeitlupe" umgestellt.
Die Tische waren gedeckt, die Soldaten des Flaschenregiments standen in Reih und Glied. Meine zwei jungen Gehilfinnen eilten hin und her, hatten rote Wangen und schirmten ihre Augen mit der flachen Hand gegen die Sonne ab: wo blieben denn die Herren Jäger? Die mußten doch schon hungrig sein — um eins? Wieso war niemand zu sehen? Wir hatten so gehetzt und jetzt blieb uns nichts anderes übrig, als besorgt in den Suppentöpfen zu rühren.
Es war nach halb zwei, als sich weit, weit hinten, wo das ebene Wiesland höckrige Blasen wirft, Umrisse zeigten. Köpfe, Hüte, in die Luft stechende Gewehrläufe, alles seltsam nah beisammen. Eine geschlossene Jägerprozession rollte auf uns zu, wur-

de deutlicher: die zwei vordersten Männer trugen etwas zwischen sich, das matt von ihren Schultern hing. Einen dritten Mann! Einen Verletzten, offensichtlich.
Jetzt laufe ich aber weg, dachte ich. Ich habe mir tagelang zugeredet, die Erfahrene zu spielen, wenn die Strecke abends verblasen wird, wenn die Hasen vorschriftsgemäß am Boden liegen, der eine oder andere Fasan seinen Hals langmacht, oder auch einer der roten Räuber.
Ich würde, so hatte ich es mir vorgenommen, ruhig dabeistehen und dem „Jagd vorbei" der Bläser lauschen. Aber da war doch jetzt anscheinend auch noch ein Mensch auf der Strecke geblieben! Ich würde also Blut und nicht bloß Schweiß sehen, am Ende gar Kleidungsstücke wegschneiden und Wunden mit Taschentüchern verbinden müssen — sah man das nicht immer in den Pionierfilmen im Fernsehen? Ich gestehe: meine Gefühlsbewegungen waren rein egoistischer Natur; an den armen Verunfallten oder sonstwie zu Schaden Gekommenen dachte ich nicht.
Dabei war er wirklich arm und verunfallt, der ältere dicke Herr, den seine Jagdgefährten herbeischleppten. Sein rechtes Bein schlenkerte blutüberströmt im zerfetzten Stiefel, beschnuppert vom bestürzt nebenhertrabenden Vorstehhund.
Die restlichen Nimrode bildeten die Nachhut. Alle redeten durcheinander. Ich setzte die aufgeschnappten Bruchstücke zusammen und erfuhr, was mit des Försters Bein passiert war.
Sein Hund hatte das Unheil angerichtet. Der alte Förster hatte seinen Drilling, geladen und ungesichert, mit den Läufen nach unten getragen und die „Elta" hatte das Gewehr durch tapsiges Anspringen zur Entladung gebracht. Voll in den Stiefel war die Schrotgarbe gefahren, hatte den Gummi und anschließend auch noch Wadenbein und Ferse zerrissen. Eine blutige Sache, sehr unangenehm, zumal für einen späten Siebziger.
Jetzt tat er mir leid. Irgendwer verband ihn notdürftig, dann trug man ihn zum Wildwagen und fuhr ihn weg. Das Kreiskrankenhaus ist ja nicht weit.
Schade, dachte ich. Appetit wird ja jetzt wohl niemand mehr haben und mit der Jagd wird's auch vorbei sein.

Irrtum! Ich hatte die Hubertusjünger falsch eingeschätzt. Meine Erbsensuppe wurde gelobt, Herrn Schützens Würste gepriesen. Ein paar unwillige Bemerkungen über Nachlässigkeit und Leichtsinn im Umgang mit der Waffe fielen zwar schon, aber sonst schwirrten lediglich friedliche Fachbegriffe wie „Has hochgemacht" und „spitz von links gekommen" und Ähnliches durch die dampfende Luft. Mehr bekam ich nicht mit, ich mußte nachschöpfen und nachgießen und schlug selber eilig Haken wie ein hochgemachter Krummer. Klaus guckte mir zu und grinste schadenfroh.

„Ein Jäger ohne Hund ist nur ein halber Jäger", hatte Herr Schütz kürzlich mit Nachdruck geäußert. Der Satz hatte mir gefallen, er beschwor ein schönes Bild herauf, den naturverbundenen Mann mit seinem treuen Gehilfen und Begleiter, der mit ihm durch dick und dünn geht und seine Passion teilt. Umso ungehaltener war ich darüber, daß die Jäger ihre Vierbeiner vor dem Frühstück ungerührt vor der Hütte an irgendwelche Bäume banden und schlicht vergaßen. Ganze drei Männer hatten an Futter für ihre Hunde gedacht, darunter, zu seiner Ehre gesagt, auch unser Herr Schütz. Oder dürfen Hunde während der Treibjagd etwa gar nicht fressen, weil mit vollem Bauch schlecht arbeiten ist? Ich erkundigte mich nicht lange nach den Gepflogenheiten. Ich tunkte Brotbrocken in die Suppenrückstände, zerteilte Würste und versorgte die Hunde damit. Keiner lehnte ab, auch die Wasserschüssel nicht, die ich vorsichtig zu den Hunden hintrug. Freundlich wedelten die bärbeißig dreinblickenden Vorstehhunde, die lustigen Jagdterrier aber fletschten die Zähne. Der einzige „Ausländer" unter den Hunden, ein junger Viszla, küßte mir, getreu den Sitten seiner ungarischen Heimat, sogar die Hand.

Der hölzerne Hüttenboden dröhnte, als die Tische zurückgeschoben wurden und die matten Jäger ins Freie stampften. Gewehre, Hüte, Hunde wurden von den Bäumen abgehängt. Das nächste Treiben konnte beginnen.

Wir, die hinterbliebenen Hilfsgeister, räumten auf, traten das Feuer aus, verstauten Reste und Abfälle und zuckelten per Lastwagen nach Hause, zwecks weiterer Reinigungsarbeiten

und Vorbereitung auf das Schüsseltreiben. Ich würde die Ohren spitzen müssen, um wenigstens ein paar Töne von „Jagd vorbei“ und „Halali“ mitzubekommen.
Das Schüsseltreiben, für mich eindeutig der gemütliche Teil der Veranstaltung, fand abends in „unserem“ Dorf statt, im „ersten Haus am Platz.“ Nicht im „Lamm“ mit einer Wurst für drei, was mich beruhigte. Ich war nämlich hungrig — untüchtigerweise hatte ich vergessen, mich selber auch zu bedienen.
Irgendein Miesmacher hat die Weisheit, daß „man den Tag nicht vor dem Abend loben soll“, unter die Leute gebracht, eine lebensfremde Warnung, die gemeinerweise oft auch noch zutrifft.
Wenn ich an den frostklirrenden, lichtblauen, sonnenglitzernden Morgen denke, an den schwappenden Klaren in den blitzenden Gläsern, an die schmetternden Jagdhörner — und mich dann an das zerschossene Försterbein erinnere und an die seltsame Stimmung, die sich mit den Zigarrenrauchschwaden in der abendlichen Wirtsstube vermischte, so muß ich den Tagesablauf mit dem Satz „nach hinten stark abfallend“ kommentieren.
In der Wirtschaft hatte ich eine laute, fröhliche Gesellschaft erwartet, überschwängliche Jagdschilderungen, Unterricht in Jägerlatein. Statt dessen saßen stumme Männer um die Tische herum und blickten ziemlich verdrossen auf ihre Teller, wo Sauerkraut, Würste und Speckseiten im immer kälter werdenden Fett erstarrten. Es wurden Ansprachen gehalten.
Zuerst hielt der Jagdherr seine Rede, dann der Oberbürgermeister der Kreisstadt, dann der älteste Jagdgast, dann ein Forstoberamtmann, dann der Obertreiber, dann klopfte ein Jägersmann mit gesträubtem schwarzem Schnurrbart und wildbuschigen Brauen, dessen üppige Locken und temperamentvolles Minenspiel ihm den netten Übernamen „Czardasfürst“ eingetragen haben, ans Glas. Auch er redete, auch er hinderte die wohlerzogene Jagdgesellschaft am Essen.
Ich hörte kaum zu. Verstohlen griff ich immer wieder nach dem lieblichen Pfälzer und ließ ihn durch die Kehle laufen.

Plötzlich, wie auf ein Zeichen eines unsichtbaren Dirigenten, setzten alle Instrumente ein. Mit den Reden war es vorbei und nun klapperten Messer, Gabeln stachen zu, Münder öffneten sich. Alle kauten und schluckten und tranken Herrn Schütz zu, der sich im Erfolg seiner selbstgedrehten Würste sonnte.

Die ersten Verdauungspfeifchen brannten schon, als sich der greise Jagdherr nochmals erhob. Seine Ansprache war als Ehrung des Jagdkönigs gedacht, der — aus einer Strecke von insgesamt 16 Hasen, 5 Füchsen, 7 Fasanen und 1 Eichelhäher — allein einen Hasen, einen Fuchs und einen Fasan erlegt hatte. Ein zartes, blondes Bürschchen war es, eben erst neunzehn geworden, und der alte Konsul hob den Kontrast an Jahren und Erfahrung zwischen ihm selber und dem beinahe kindlichen Jagdkönig in gefühlsbetonter Weise hervor. Gerührt und verlegen bemühte ich mich, Haltung zu bewahren. Als Außenseiterin, als einzige Anwesende ohne Jagdschein — und nicht einmal männlichen Geschlechts! — war ich das den Gastgebern schuldig.

Nun — die Männer und Jäger taten ihren Gefühlen weit weniger Zwang an, als das schwache Weib. Links und rechts und gegenüber flatterten alsbald — grüne! — Taschentücher und ich bekam mehr als einen zitternd eingezogenen Schnaufer zu hören.

Der Klaus stieß mich mit dem Fuß an. „Pssst“ sollte das wohl heißen. Gehorsam nahm ich mich zusammen, heulte nicht und — lachte nicht, obwohl mir nach beidem zumute war. Der Klaus scheint mich doch schon recht gut zu kennen.

Man räusperte sich.

„Ja, ja.“

„Ja — so ischt des halt“.

Und nochmals: „Ja, ja“.

Wieder Räuspern. Dann ging man zur Tagesordnung über und bestellte Schnaps.

Ja, ja — und was war nun mit der verkrampften Stimmung und dem Tag, den man nicht vor dem Abend loben soll? Es lag einfach etwas in der Luft. Was wirklich los war, erzählte mir Klaus am nächsten Morgen.

Nach der Treibjagd

Am nächsten Tag schneite es, und auf der Hochebene, die ich beharrlich zu meinem Lieblingsaufenthalt auserkoren habe, trieb mir der Wind brennende Tränen aus den Augen und ließ die rote Nase fließen. Zita, die einen grämlichen Hausarresttag hinter sich hatte, wollte herumlaufen und Mäuse hetzen. Für einmal bekam sie zu spüren, wer die Herrin ist. Ich trieb sie unerbittlich nach Hause, hinter den warmen Ofen.

Auch Klaus war, wie ich meine, früher als sonst von seinen morgendlichen Waldstreifzügen zurück, auch er in Begleitung: er brachte einen ausgewachsenen Kater mit, stützte die Ellenbogen auf den Tisch und hielt sich seinen schweren Kopf.

„Junge, Junge, Junge."

„So" eröffnete ich geistreich die Konversation. „Jetzt haben wir's ja hinter uns."

„Junge, Junge, Junge."

„Möchten Sie ein Schnäpsle? Es sind noch Unmengen davon da?" sagte ich.

„Schnaps? Hören Sie auf ... ei, da müßt' ich grad ... oder — na gut, geben Sie her."

Bewährte Methode, dachte ich. Homöopathisches Prinzip. Alter Hexenglaube: „Man lege, so man von einem Hund gebissen wurde, drei Haare desselben Hundes auf die Wunde, welche alsbald heilen wird."

Ich brachte also den Schnaps, setzte mich hin und wurde direkt:

„Sagen Sie — was war eigentlich gestern los? Es war doch nur noch die halbe Gesellschaft da? Und ich hatte erwartet, daß es so richtig vergnügt zugehen würde ... waren die alle etwa so müde? Saßen alle da und schluckten still das Zeug in sich hinein. Da war doch etwas — oder?"

Er sah mich an. „Na ja", sagte er aufschlußreich.

Mühselig — mit Schraubenzieher? mit Büchsenöffner? — brachte ich schließlich alles aus ihm heraus. Frauen können sowas.

Es hatte also Streit gegeben. Eine gepfefferte Mißstimmung zwischen zwei Waidgenossen; einige Kameraden hatten sich daran beteiligt und das Ganze hatte um sich gegriffen wie ein kleinerer Waldbrand. Peinlich. Zündender Funke war ein Hund gewesen und der Ausruf eines Jägers:

„Ihrer verdammten Scheißtöle drehe ich noch den Hals um."

Wer war denn die derart näher definierte „Töle", was hatte sie auf dem Gewissen?

Ein großer Deutsch-Kurzhaar, ein Rüde, hatte brav den von seinem Herrn erlegten Hasen apportieren wollen, als einer der wuscheligen Jagdterrier wie eine Furie lospreschte. Auch er wollte sich an dem Gestreckten zu schaffen machen. Zwischen den Hunden ging ein ungleicher und deshalb unschöner Kampf los und die beleidigte DK-„Töle", in ihrem Gerechtigkeitsgefühl verletzt, hob den kleinen Störefried im Fang hoch und schüttelte ihn wie eine Ratte. Der Terrier zappelte und heulte empört. Beide Besitzer waren natürlich am Tatort erschienen, und das „Tölen"-Herrchen behauptete, sein Hund sei vom Terrier-Herrchen mit dem Gewehrkolben geprügelt worden. Es muß ziemlich laut und in zunehmendem Maße unfein zugegangen sein. Höhepunkt der gegenseitigen Wut bildete der Vorwurf des „Tölen"-Besitzers, er habe genau gesehen, daß es genau dieser bestimmte Terrier-„Köter" gewesen sei, der während des ersten Treibens eine Ricke gehetzt und sie hinter einen Stacheldraht in eine eingezäunte Kultur getrieben habe, von wo er, der „Tölen"-Besitzer, sie nur noch mit Mühe und unter Herunterreißen des Drahtzaunes befreien konnte. Und die Ricke habe sich am Vorderlauf verletzt. Er hätte das alles n i e zur Sprache gebracht, aber jetzt könne er nur noch sagen, es sei eine Zumutung, so einen Dreckskōter an eine Gesellschaftsjagd mitzunehmen.

Mehr hatte es nicht gebraucht. Die beiden Jäger waren stocksauer, warteten anstandshalber noch das Verblasen der Strecke ab, entschuldigten sich beim Jagdherrn und zogen, gefolgt von Grüpplein der jeweiligen Parteigenossen, in verschiedenen Richtungen von dannen, ohne am Schüsseltreiben teilzunehmen.

„Unangenehm", sagte Klaus. „Ich habe sowas noch nicht erlebt. Und ich meinte noch, die beiden seien alte Freunde, sie hatten früher jahrelang gemeinsam eine Jagd gepachtet. Und jetzt sowas! Schade."
Ich nickte.
„Sicher war der Jagdterrier an allem Schuld."
„Wieso?" fragte Klaus.
„Einfach so — ich bin einfach überzeugt davon. Die haben mich alle so eklig angeknurrt. Die sind so. Streitsüchtig."
„Weiber!" sagte Klaus. „Sowas Unlogisches. Immer gleich Sympathien oder Antipathien. Immer Vorurteile. Immer Verallgemeinerungen — sowas sagt ein Mann einfach nicht. Aber so sind die Weiber — alle miteinander."
Und e r ? „Alle miteinander ... immer ..." Na ja: Frauenverachtung allein macht noch keinen Nietzsche.

Weihnachten

Weihnachten hatte ich schon als Kind nie gemocht. In meinen ersten Jahren war ich unglücklich darüber gewesen, daß man das Christkindlein nie zu Gesicht bekam und im höheren Kindesalter kamen sich Taktgefühl und Aufrichtigkeit immer quälend in die Quere: Jedes Jahr mußte ich mich für Puppen bedanken, obwohl ich lieber einen Hund bekommen hätte. Das Angebot an Weihnachtsgebäck konnte mich auch nicht trösten, da ich für Süßigkeiten nichts übrig hatte. So war für mich Weihnachten immer ein Fest der Enttäuschungen gewesen, zumal um diese Jahreszeit auch noch der Schnee leise rieselte, der für mich nicht zu den liebsten Himmelsgaben gehört.

 Solche Hirsche waren früher im Revier als Standwild keine Seltenheit!

Mit — wie ich zuversichtlich hoffe — wohlverborgener schlechter Laune wartete ich also im schwarzen Wald auf den 24. Dezember, welches Datum bei Rauhbein Klaus alle Schleusen verklemmter Sentimentalität zu öffnen schien. Er kam morgens vom Ansitz und verkündete: „Heute habe ich ein schönes Bäumchen für uns gesehen."
„Bäumchen". Und dazu noch „für uns".
Es hatte Tage gedauert, bis ich gemerkt hatte, was dieses „für uns" bedeutete: er wollte mit mir zusammen Weihnachten feiern, mit Christbaum, Kerzen und Kugeln. Dabei hatte ich erst gedacht, mit „für uns" sei das große Jagdhaus nebenan gemeint, wo im Stil der gepflegten Tradition irgendwas Weihnachtliches stehen müßte. Und Klaus würde über die Feiertage irgendwohin verschwinden, zu seinen kartoffelbratenden Skatkameraden da oben im Norden, beispielsweise. Nun dachte er überhaupt nicht daran, sondern würde hierbleiben mit seinen Hasen-, Fasanen- oder Rehbratenwünschen.
Meine Befürchtungen bestätigten sich.
„Was wollen wir denn zu Weihnachten essen?" fragte er mich.
„Nichts Abenteuerliches" sagte ich brutal. „Kein Wild und keine Vögel. Ich will etwas Richtiges, aus der Metzgerei. Ohne Fell dran und ohne Federn. Und noch was: meine Schwester aus Zürich kommt mich dann besuchen."
Ich will es zugeben: es wurde ein schönes Fest. Unsere Weißtanne, schlank, mit langen, kräftigen Nadeln, nahm eine ganze Zimmerfront ein, wurde über und über in allen Farben behängt und glitzerte im Kerzenlicht, wie auf den allerhübschesten Weihnachtskarten. Es gab Kalbsnierenbraten, gekaufte Gans und Spanferkel, wir saßen friedlich verdauend da und hielten uns die Bäuche.

◀ *Er kam auf der Schneise dahergebummelt und hatte nichts Heimtückisches und nichts Schlaues an sich*

Ein Dieb mit Charme

Am späten Nachmittag des 26., ich stand im Garten und beschäftigte mich angelegentlich mit der Frage, ob wohl die grünen Blättchen im geschütztesten Beet tatsächlich schon diesjährige Veilchen sein könnten, fuhr ein Wagen schwungvoll in den Hof. Ich war allein. Klaus wollte meiner Schwester die Fasanenschütten unten im Tälchen zeigen.

Nanu, dachte ich. Wer kommt denn jetzt?

In dunkelblauem Sonntagsstaat bog der Klein um die Ecke. Casanova Klein, der Sexy-Sepp, vor dessen Verführungskünsten mich Herr Schütz gewarnt hatte. Allerdings: nachdem mir der Klein Klo und Boiler repariert hatte, ließ er sich hier nie mehr blicken.

„Ach — sieh mal an! Der Herr Klein, welch seltener Gast!" rief ich ihm zu. Zu meiner Schande: es klang kokett. Anscheinend löst ein schlechter Ruf unwillkürlich bestimmte Reaktionen aus.

„Ich wollte Ihnen schöne Feiertage wünschen", begrüßte er mich höflich. „Ist Herr Klaus nicht da?"

„Nein, aber er muß gleich kommen. Soll ich ihm etwas ausrichten — oder wollen Sie auf ihn warten?"

„Nun ja — ich . . . ich weiß nicht. Aber — wenn ich mir vielleicht die Hände waschen dürfte? Ich habe mich am Wagen schmutzig gemacht, der Motor wollte vorhin nicht so recht."

Er kam also mit ins Häuschen, wusch sich die Hände, bekam den obligaten Schnaps vorgesetzt. Mir schien, er sei unruhig und verlegen, er trat gewissermaßen im Sitzen von einem Bein aufs andere. Ich wartete. Nach einer halben Stunde und dem zweiten Schnaps, wußte ich, wieso der Klein da war. Er wollte mich bitten, bei Klaus ein gutes Wort für ihn einzulegen.

„Nämlich — das ist so: der Herr Schütz hat mich erwischt."

Was — schon wieder! dachte ich. Was hat er denn jetzt wieder angestellt? Er wird sich doch nicht hinter die leckeren Schütz-Töchter gemacht haben? Meine Fantasien erwiesen sich als falsch.

Der Klein hatte „bloß“, am frühen Morgen des 24. Dezember, heimlich eine Tanne im Fichtenwald geschlagen — „für Frau und Kind, ein kleines, kleines Weihnachtsbäumchen“, versicherte er mir mit blauem Augenaufschlag, und ich konnte mir ganz gut vorstellen, in welcher Weise sein berüchtigter Charme arbeitet — und war gerade dabei, sie geschultert zu seinem Wagen zu tragen, als der zwei Meter lange Herr Schütz wie ein zürnender Gott aus der Dickung auftauchte.
„Er war sehr, sehr böse“, klagte der Klein. „Er nahm mir das Bäumchen weg, er wird's dem Herrn Konsul erzählen und mich auch noch wegen Waldfrevel anzeigen. Was soll ich nur tun? Er mag mich nicht, der Herr Schütz! Was wird der Herr Konsul tun? Vielleicht verliere ich meine Stelle in seiner Fabrik! Wenn nur der Herr Klaus mir helfen würde beim Konsul. Er könnte es bestimmt. Wenn S i e es ihm sagen, wird er es ganz bestimmt auch tun, da kann er doch gar nicht anders. Das w e i ß ich.“
Und schon hatte ich hoch und heilig versprochen, Klaus darum zu bitten. Der Klein verabschiedete sich vorsichtshalber noch bevor Klaus zurückkam. Wahrscheinlich hat er schon lang die Erfahrung gemacht, daß er Frauen weit besser einwickeln kann als Männer.

*

Frau Angerhaus war wie weiland Rosa von Tannenburg mit Körben beladen bei uns erschienen; alle hatten an uns gedacht, der Konsul und besonders die ganze Schützen-Familie. Jetzt stand der Tisch voller Flaschen. Sekt, Wein, Schnaps — ob es sich schon herumgesprochen hat, daß das Mädchen aus Zürich einen kräftigen Schluck vertragen kann? Meinetwegen — auch Flaschenglas glänzt lieblich im Weihnachtskerzenschimmer.
Über Klausens Geschenk war ich ganz erschüttert: er hatte mir aus einem roten Winterfuchsfell („Oberkopf“, sagte er stolz) ein Krägelchen zugeschnitten und es im Städtchen grün abfüttern lassen. Die Form paßte tadellos. „Wie nach Maß“, sagte ich begeistert und läppisch. „Ist es ja auch“, brummelte Klaus, den meine Freude verlegen machte. „Sie haben nicht

mal bemerkt, daß Ihr alter Kragen zwei Tage fehlte. Kein Wunder, bei der Sauordnung, die hier ist — alles hängt herum.“

Ich war aber genau so rührend gewesen wie er. Hatte ich nicht auch mit meinen eigenen Händen aus Leintuchstoff ein Schneehemd für ihn genäht? Mit großem Ausschnitt für seinen dicken Kopf, weiten Ärmeln und flotten Seitennahtschlitzen zum Durchgreifen in die Taschen der darunter getragenen grünen Gewänder?

„Was soll denn das sein?“ fragte meine Schwester verständnislos und schüttelte den Kopf, als ich ihr erklärte, es sei Tarnung, damit das Wild im weißen Winterwald vor der grünen Gestalt nicht erschrecke. Unerhört — diese Laien zeigen aber auch gar kein Einfühlungsvermögen in jagdliche Belange!

Das erfuhr ich auch wieder tags darauf. Ein Jagdgast war im Revier angesessen, hatte ein weibliches Stück krankgeschossen, und zwar ziemlich nah der Reviergrenze. Der hundelose Jäger, seiner Verantwortung bewußt, wollte weder die Fährte des zeichnenden Rehs zerstören noch wollte er, in Unkenntnis der exakten Grenzverhältnisse, in der falschen Richtung weitergehen. Klaus war nicht da, er kam irgendwelchen Weihnachtsverpflichtungen nach, besuchte ein Patenkind oder sowas. So mußte denn wieder einmal Schützens „Aschta“ auf den Plan gerufen werden.

Wir warteten also auf Herrn Schütz, und wir Schwestern unterhielten uns mit dem Jagdgast. Bald erschien Herr Schütz mit seinem Vorstehhund und zog zusammen mit dem Jagdgast zu Holze.

Zwei Stunden später kehrte ich mit meiner Schwester von unserem feuchten Spaziergang über schmierige Äcker und aufgeweichtes Wiesland zurück, und beim Gartentor sagte ich zu ihr: „Schau dort, die Aschta hat das Reh gefunden“ und wies auf die Eiche, wo das Stück hing, lang, graubraun, den Äser in die Zweige gestreckt, die Hinterläufe weit gespreizt.

Meine Schwester hielt sich die Augen zu, schrie auf und rannte zum Haus. Die Tatsache, daß sie dort auf mich und meinen Schlüssel warten mußte, nahm der Szene viel von ihrem dramatischen Effekt.

„Ich bin so erschrocken“, sagte sie kleinlaut. „Es sieht so fürchterlich tot aus, weißt du. Wenn man's nicht gewohnt ist . . . “

„Entschuldige. Ich hätte daran denken sollen.“

Wie lange ist es her, seit ich selber das erlegte Wild, die „armen toten Tiere“, nach Möglichkeit anzusehen vermied? Daß ich den Kopf wegdrehte, wenn Klaus mit ein paar steifbeinigen Vögeln in der Hand aufkreuzte? Wenige Wochen. Und heute? Heute bin ich, bei allem Verständnis für meine gefühlvolle Schwester, doch beinahe restlos überzeugt davon, daß ich selber *nie* eine derartige Schau abgezogen habe, wie sie eben beim Anblick des erlegten Rehs. Wie glücklich ist doch der Mensch, den das Gedächtnis in dem Augenblick verläßt, da die Erinnerungen unbequem werden könnten!

Ador

„Wir unterhielten uns mit dem Jagdgast". So steht das da, eine Banalität, und sagt nichts aus. Dieser Jagdgast, Herr Bokkelmann, ist wohl auch keine bemerkenswerte Erscheinung. Ein wohlgenährter Mann, mit einem Kranz verbleichender Löckchen um den runden Schädel. Aber — Herr Bockelmann verdient ein fettgedrucktes „aber" — dafür gehört er zu den Menschen, denen man gern zuhört. Er weiß so schön bedächtig zu erzählen. An jenem Vormittag vor der Nachsuche, als wir wartend herumsaßen bei Bier, Korn und Bretzeln, habe ich das zum erstenmal erfahren.

„Führen Sie eigentlich keinen Hund, Herr Bockelmann?" hatte ich gefragt. „Jetzt nicht mehr", sagte er. „Nicht mehr, seit mein Ador tot ist."

Seine Stimme klang traurig. So traurig, daß ich gern das Thema gewechselt hätte — offensichtlich hatte ich da etwas Ungeschicktes angeschnitten. Herr Bockelmann kratzte in seiner Pfeife herum.

„Das sind jetzt schon zwei, drei Jahre her, als ich noch in Köln wohnte. Ich hatte damals ein kleineres Revier gepachtet, oben im Sauerland, zusammen mit einem ehemaligen Schulkameraden und dessen Vetter. Es war ein schönes, fruchtbares Gelände, mit viel Mischwald, mit Hügeln und einem breiten, sauberen Bach. Viel Wild auch — Schwarzwild, Rehwild, Hasen,

Kaninchen, Enten, Fasanen. Ich glaube, das war die beste Zeit meines Lebens, die ich dort verbracht habe, zusammen mit dem Ador. Ein feiner Hund war das, ein Deutsch-Kurzhaar, braun-silbrig. Es gibt Schönere, das kann ich nicht leugnen. Ich sehe ihn noch heute vor mir, wie er in seinem flachen Korb lag, den Kopf — er war den Kynologen etwas zu stumpf — auf den Rand gelegt. Einer seiner langen Behänge hing immer auf die Steinfliesen hinunter, die stämmigen Läufe hielt er gekrümmt, der Rundung des Korbes angepaßt. Da lag er und ich wußte: der Ador wartet. Sein ganzes Leben war die Jagd. Jagte ich nicht, so war das Nichtstun sein unabänderliches Schicksal, eine Art von Zwischentod, eine Zeit, in der er nur dumpf dahindämmerte."

„Adors Korb stand im Flur. Mir scheint das genau richtig. So lieb mir der Hund war, im Schlafzimmer mochte ich ihn nicht haben und im Zwinger — wozu? Er gehörte zur Familie. Außerdem hätte er das Einsperren im Zwinger als Strafe empfunden — und wofür sollte ich ihn strafen! So blieb der Korb im Flur, gleichgültig, was meine Jagdkameraden darüber spöttelten. Außerdem stand der Korb da gut, schön strategisch. Hunde haben das gern. Ein Plätzchen, von wo aus sie möglichst viele Ein- und Ausgänge überblicken können und wenn möglich auch noch die Garderobe im Auge haben. Die beobachtete er denn auch ständig, stand manchmal auf, um dort Lodenzeug und Rucksack zu beriechen und dem langen Riemen, der vom

Haken baumelte, mit dem Fang einen sanften Stoß zu versetzen. Sie sind ja beide Frauen — und daher wage ich zu behaupten, was ich einem Waidgenossen vorsichtig verschweigen würde: wenn der Riemen leise hin- und herpendelte, bekam der Ador einen verträumten Blick und wenn der Hund zurück in seinen Korb schlich, so schien es mir manchmal, er seufze. Ach — ich werde ja schon kindisch."

Herr Bockelmann goß sich Bier ein, und ich streichelte den seidigen Kopf meiner Zita, die wie immer eng an mich gedrückt neben mir lag. Man soll sein Herz nicht an einen Hund hängen, raten die Fachleute. Dafür leben Hunde nicht lange genug. Mag ja sein; aber von allen gefühlsmäßigen Fehlinvestitionen scheint mir diese doch die glücklichste zu sein.

„Alle Türen, die zum Flur führten, standen immer halb offen. Der Flur war kühl, mit Klinkersteinen ausgelegt und oft bewahrten wir dort während der Jagdzeit Hühner oder Fasanen auf. So fiel es denn meinem Ador gelegentlich ein, leise aufzustehen, einen der Vögel vorsichtig zu packen und ihn mir ganz vorschriftsgemäß — zum zweiten Mal — zu apportieren, wenn ich an meinem Arbeitstisch saß. Hätte er dafür Schelte verdient? Ich weiß es nicht. Ich liebelte ihn ab, er wedelte mit seinem Stummelschwanz und trug die Beute wieder zurück in den Flur. Es war ja deutlich, was er mir sagen wollte: schau hier, was meinst du? Erinnerst du dich, als wir den da zusammen erlegten? War das nicht gut? Willst du denn nicht wieder mal auf die Jagd?

Ich selber wollte ja meistens auch, aber auch beim Menschen setzt das „Können" dem „Wollen" oft recht enge Grenzen, und so mußten wir eben beide auf die allzu seltenen Jagdgelegenheiten warten. Wenn es dann endlich so weit war, wurde mir jedesmal bewußt, was mein Ador leistete. Meine Mitpächter hatten auch Hunde, mein Schulkamerad einen Pointer im Greisenalter, der nach einer Stunde schon mit seinen Kräften am Ende war und, bei der Hühnerjagd beispielsweise, irgendwo im Schatten abgelegt werden mußte, wo er hechelnd liegen blieb und die Augen verdrehte. Der andere, ein Wachtel, war ein unkontrollierbarer Stöberer, allerhöchstens zum Apportieren zu gebrauchen, und auch dabei mußte ihm der Ador mit seiner feinen Nase oft zu Hilfe kommen. Der Kleine blieb überhaupt meist am Riemen und stiftete mehr Unheil, als seine Arbeit wert war. Der Vergleich mit diesen beiden ließ Adors Können im hellsten Licht erstrahlen — ein Wink, ein Zuruf, mehr brauchte er nicht. Geflügelte Hühner, die in den Rübenfeldern unfaßbar schnell und weit liefen, fand er unweigerlich mit der Nase und brachte sie. Natürlich lobte ich ihn oft. Im Rückblick nehme ich an, daß ich meinen Stolz auf Ador nur schlecht versteckte und meinen Waidgenossen gelegentlich damit auf die Nerven ging.

Gerade auf der Hühnerjagd war er kaum zu schlagen. Was für eine eiserne Selbstdisziplin mußte er haben, wenn ich daran denke, daß wir damals Haushühner hielten, die auf unserem großen Hinterhof freien Auslauf hatten. Es brachte mich immer wieder zum Lachen, welche Anstrengung es ihn kostete, zwischen diesen Hühnern hindurchzugehen, den Kopf gesenkt, ohne daß er seinem Trieb nachgeben durfte, die gackernden und flügelschlagenden Geschöpfe zu verfolgen und zu packen. Aber er hielt durch. Kein einziges Mal vergriff er sich an diesem Tabu-Federvieh."

Herr Bockelmann griff nach der Bierflasche, fand sie leer und zog seine Hand wieder zurück. Ich stand auf.

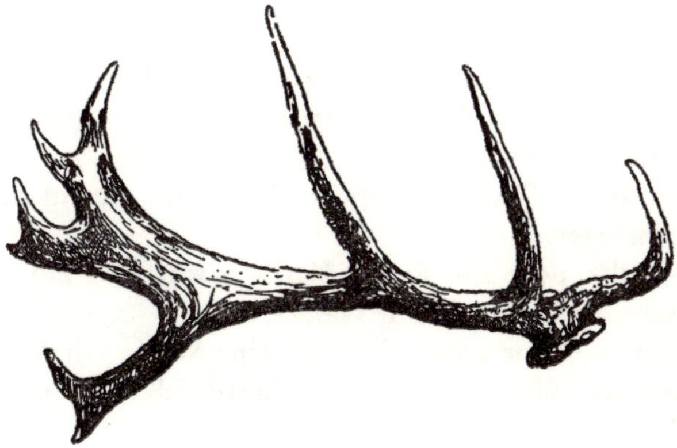

„Lassen Sie nur. Ich brauche einen klaren Kopf für die Nachsuche. Vielleicht ist es auch besser, ich mache ein paar Schritte vor die Tür. Was soll's — der Ador ist tot, und sicher langweile ich Sie mit meinen Geschichten. Wie so'n Opa, der die Bilder seiner Enkelchen herumzeigt!"

„Ich will Ihnen auch bestimmt kein Bier aufdrängen, Herr Bockelmann. Ich koche Ihnen gern Kaffee oder wärme Suppe auf — wenn Sie bloß hierbleiben und weitererzählen."

Es war mir völlig ernst mit meiner Aufforderung. Darum wirkte sie auch.

Herr Bockelmann stopfte sich eine neue Pfeife, von denen er immer sechs Stück in seinen ausgebeulten Jackentaschen mitführt und schwieg ein Weilchen.

„Ja — der Ador! Die einen Hühner ließ er in Ruhe, die anderen apportierte er — sein Gehorsam und seine Gelehrigkeit waren hochentwickelt. Ein einziges Mal habe ich erlebt, daß Ador einen Hasen hetzte, was ihm streng verboten war. Wir gingen damals, zu dritt oder zu viert, Streife über Sturzäcker an der Hauptstraße und Ador suchte brav vor uns her. Ich hatte von weitem einen Hasen in der Sasse entdeckt und machte mich zum Schuß bereit, für den Fall, daß er aufstand. Ador hatte Pech: er geriet so nah an den Hasen, daß er ihn fast gegriffen hätte. Dicht vor seinem Fang schoß der Hase davon, wie von der Sehne geschnellt. Das war zuviel für Ador. So ein Aufheulen, wie es damals aus ihm hervorbrach, habe ich nie wieder gehört. Sein Fang war dicht an den Hinterläufen des Hasen, und so ging die Hatz über die vielbefahrene Hauptstraße, über den Bahndamm, zwischen Schrebergärten hindurch, wo sie sich verlor. Abgetrieben und mit schlechtem Gewissen kam Ador zurück, meine Jagdkameraden grinsten schadenfroh, als ich ihn böse anpfiff. An jenem Abend mußte er in den Zwinger.

„Und heulte dort die ganze Nacht!" warf ich ein. „Damit straft man sich am Ende nur selber!"

„Oh nein — Ador nicht. Er trug seine Strafe mit Würde, als verstünde er, daß er sie verdient hatte. Ich will aus meinem Ador kein vermenschlichtes Genie machen, vermutlich hatte er keine Ahnung, warum er Hasen nicht hetzen durfte; er wußte nur ganz genau, daß es ihm verboten war. Das genügte. Nun ja, bis auf dies eine Mal."

„Er hatte natürlich auch seine Mucken, mein guter Hund. Beispielsweise war es unmöglich, ihn zum Decken zu verwenden. Schade drum, er stammte aus reinster Zucht. Die Hündinnen interessierten ihn nicht, sie waren ihm gleichgültig. In der Nachbarschaft gab es öfter heiße Hündinnen, die die Rüden aus dem weitesten Umkreis auf die Läufe brachten. Ganze Völkerwanderungen setzten dann jeweils dahin ein und die Klagen der liebestollen Hundemänner wurden besonders nachts zur Plage. Ador hatte für die Minnesänger nur Verachtung übrig und schloß sich dem Liebesreigen niemals an. Dieser kleine Schaltfehler, den sich die Natur in seinem Wesen geleistet hatte, mochte dazu beigetragen haben, seine ungenutzte Manneskraft ganz auf die Jagd zu lenken. Der Jagd kam sein ungeteilter Einsatz zugute."

Zita brummelte, spitzte ihr eines Steh-Ohr — das Linke, das die Kinder ihres früheren Besitzers auf erfinderische Weise zu brechen verstanden hatten — und bellte dreimal.

„Das muß Herr Schütz sein", sagte ich und öffnete das Fenster. Nichts war zu hören.

„Sehen Sie", sagte Herr Bockelmann, „dafür taugte mein Ador nicht. Als Wächter war er nicht zu gebrauchen."

„Man kann wohl nicht alles haben", sagte ich und war recht stolz auf Zitas Gehör, als Herrn Schützens Jeep gerade auf unser Haus zufuhr. Ich begleitete Herrn Bockelmann zur Tür und gab ihm zum Abschied die Hand.

„Kommen Sie bald wieder, Herr Bockelmann."

Ich glaube, er wird es tun. Wes das Herz voll ist, des geht der Mund über — und Ador, der keusche Jagdrüde, nahm in Herrn Bockelmanns unerwartet zartem Herzen einen großen, großen Platz ein.

Die laute Jagd

Am nächsten Tag fiel mir wieder der traurige Herr Bockelmann ein, und aus meinen Gedanken heraus fragte ich Klaus: „Kennen Sie das Sauerland? Es soll da sehr hübsch sein."
Er blickte, wie mir schien, überrascht von seiner Suppe auf. „Wieso kommen Sie ausgerechnet aufs Sauerland? Morgen sind sie nämlich hier." Er hatte wieder einmal seinen wortkargen Tag.
„Wer ist hier?"
„Ei — die Sauerländer, wie jedes Jahr, bevor die Hasen zu sind. Sie bleiben zwei Tage drüben. Die können Sie dann ausfragen."
„A u s - fragen", dachte ich gekränkt und räumte die Teller weg.
Es wurde Morgen, und die Sauerländer kamen tatsächlich. Früh schon, ich schüttelte gerade meinen bunten Mop aus und konnte sie durchs Fenster sehen, als sie aus Klausens Pritschenwagen sprangen: zwei magere Männer mit Wadenbinden und großen, gelben Jagdhörnern. Auf der Pritsche standen drei angeleinte Hunde und kläfften.
„Was sind das für Hunde?" fragte ich Klaus, der in einer Schublade nach Munition kramte. „Die sehen der Zita so ähnlich! Die Farben, die Figur, die schlanken Beine? Nur längere Ohren haben sie und natürlich keinen Appenzeller Ringelschwanz."
Klaus grinste: „Um Sankt Huberti willen — behalten Sie das für sich. Die Herren sind empfindlich. Das gäbe die größte Beleidigung, wenn man ihre reinblütigen Bracken mit Ihrem Fixköter vergleichen würde!"
An der Haustür drehte er sich um:
„Abends sind wir zurück."
Er bückte sich und streichelte Zita sachte über den Kopf.
Reinblütige Bracken? Wenn schon! Sie sehen d o c h aus wie meine Zita.
Zita schien mir an diesem Tag ungewöhnlich unruhig. Ihr

Steh-Ohr blieb gespitzt, zuweilen winselte sie leise. So zwängte ich mich denn mittags in die unvermeidlichen Gummistiefel, um mit ihr eine kleine Mäusestreife durch die Äcker zu unternehmen. Wir waren bald wieder zurück: in Wald und Feld bellte es in verschiedenen Tonlagen und unaufhörlich. Dazwischen knallte ein Schuß. Mir wurde ganz bang um meine Zita, die mit heller Stimme ebenfalls Laut gab und wie närrisch im Kreis herumrannte. Was war denn nur los! Waren das die Bracken? Sowas von Lärm. Unser Revier ist doch wahrhaftig ausgedehnt genug, aber es klang, als ob jeden Moment hinter jedem zweiten Busch ein wütender Hund hervorbrechen müßte. Dabei hatte ich doch nur drei Hunde gezählt. Ich konnte das nicht verstehen.

Später verstand ich schon besser; nach einem gemütlichen Abend am Kaminfeuer. Mit den Sauerländer Jägern.
Klaus kam vorbei, als ich gerade die Hausschweinrippchen aus der Rotweinbeize fischte und mich ans Anbraten machte. Ich wollte sie „à la Wildschwein" zubereiten, mit Wacholderbeeren, Estragon und Basilikum und freute mich gefräßig darauf.
„Ich habe schon gegessen", sagte Klaus und schnupperte. „Die Herren sind drüben. Ich soll Sie auf ein Glas einladen. Aber passen Sie auf, daß Ihnen die Zita nicht nachläuft. Alle drei Bracken sind Hündinnen und nicht ganz harmlos."
Ich ging mit und war überrascht, im geblumten Ohrenfauteuil Herrn Bockelmann zu sehen. Ich setzte mich zu ihm.
Im Kamin knisterten die Holzscheite. Die Hunde hatten ihre Köpfe schräg über die langausgestreckten Vorderläufe gelegt und schliefen.
„Waren Sie zufrieden mit der Strecke?" fragte ich in den stillen Raum hinein, um etwas zu sagen.

„Tschwei Ha-hschen“, sagte der dünnere der beiden Jäger. Er lispelte.
Unsicher guckte ich zu Herrn Bockelmann hinüber.
„Zwei Hasen — im Ganzen“, sagte er leise. „Als Gesamtstrekke.“
„Bei uns“, sagte der zweite Jäger, der keineswegs lispelte, sondern sich durch besondere Wortgewalt hervortat, „kommt es nicht auf die Strecke an. Wir brackieren, die Jagd selbst ist unsere Leidenschaft. Es kann nichts Schöneres geben, als den ganzen Tag bergauf und bergab zu laufen, den Hunden zu lauschen, genau zu hören, ob sie einen Fuchs aufgespürt haben oder einem Hasen auf der Fährte sind. Das ist wahrhaft urtümliche Jagd.“
Er sagte wirklich: „Fährte“. Bei der Brackenjagd, so erfuhr ich später, gehört der Hase zum hohen Wild und hinterläßt daher eine Fährte und keine Spur.
Überhaupt erfuhr ich noch manches: daß die Bracken hetzen, und zwar laut bellend; daß sie absolut schalenwildrein sind, d. h. Reh oder Hirsch niemals verfolgen und höchstens noch — so vorhanden — Sauen aufstöbern. Und daß die Jagd mit Bracken von vielen Jägern abgelehnt wird.

„Es geht nichts über eine Bracke", sagte der Wortführer. „Feinnasig, intelligent, gefühlvoll, scharf — alles in einem. Wissen Sie", er wandte sich mir zu, „daß wir den Begriff des „Jagdkönigs" ablehnen? Bei uns ist der Hund, der am meisten Hasen oder Füchse hochgemacht hat, Meister, König des Tages, und nicht der Jägersmann. So gehört sich das auch", sagte er apodiktisch.

„Na, Hans-Dieter — Deine Freya war heute wohl nicht Königin, was?" Das war Herr Bockelmann. „Die saß den halben Tag unter der Eiche am Waldrand und verbellte eine Dorfkatze, die sich da hinauf gerettet hatte."

Obwohl sich Herr Bockelmann den Nachsatz „das hätte mein Ador nie gemacht" verkniff, genügte seine Bemerkung doch, um eine recht hitzige Diskussion zu entfachen. Es wurde nicht gestritten, keineswegs. Aber die beiden Sauerländer legten eine beinah unduldsam passionierte Begeisterung an den Tag.

Unser Revier wurde gelobt. Die vielen Hügel, der schöne Baumbestand, die zahlreichen Büsche und Hecken scheinen sich vorzüglich zum Brackieren zu eignen. Hans-Dieter schwärmte: „Ich könnte hier tagelang herumlaufen, ich kenne natürlich hier auch jeden Strauch, jeden Wechsel. Das ist wirklich unverfälschtes Jagdvergnügen! Für das stundenlange Ansitzen auf der Kanzel habe ich gar nichts übrig, das ist mir zu langweilig. Da oben sitzen, vor sich hin dösen, von Zeit zu Zeit das Gelände — immer aus demselben Blickwinkel — mit dem Fernglas absuchen — nein, nein, ohne mich. Und unten hockt der Hund — abgelegt; und muß warten, bis es oben knallt. Für so einen braven Vorstehhund mag das ja genügen. Aber unsere Bracken sind selbständige Jäger, uns gleichgestellt. Die fiebern vor Jagdfreude. Dabei kennen sie die Regeln des Waidwerks genauso, wie wir auch."

„Viele Jäger gehen schon in die Luft, wenn sie nur das Wort „Bracke" hören. Von denen werden die unsinnigsten Behauptungen aufgestellt, Hirsche und Rehe sollen durchs Brackieren beunruhigt, sogar vertrieben werden— Du meine Güte, das ist barer Unsinn. Wir brackieren seit Jahrzehnten in meinem eigenen und den Nachbarrevieren, und der Reh- und Rotwildbestand hat sich in keiner Weise verringert, mit anderen Worten, das Schalenwild sah sich nicht veranlaßt, seine Angehörigen zusammenzutrommeln und die ungastliche Heimat fluchtartig zu verlassen. Alles dummes Zeug. Als die Freya im zweiten Feld stand, hatte ich sie schon zuverlässig abgeführt, die nahm Schalenwild schlicht und einfach nicht zur Kenntnis."

Die Hündin, die halb unter dem Sofa versteckt ihrem Herrn zu Füßen lag, blickte aus schräggestellten Augen zu ihm auf, als sie ihren Namen hörte.

Kluger Hund, dachte ich. Ihr Name fällt ohne besondere Betonung mitten im Satz und sie reagiert. Allerdings — meine Zita war kürzlich auch aufgesprungen und wedelnd zu Klaus gelaufen, als er laut reklamiert hatte: „Machen Sie doch das Fenster zu, es *zieht da*!"

„Ein schöner Hund", sagte ich.

„Ja, nicht wahr?" Hans-Dieter schaute mich anerkennend an. „Edel in der Form, durchtrainiert — beim Brackieren setzt man kein Fett an — hochläufig, schön gezeichnet, prächtig der kluge Kopf. Ich könnte aus der Haut fahren, wenn ich daran denke, daß mir vor Jahren eine meiner besten Dreifarbigen von meinem Nachbarn, dessen Revier östlich von meinem eigenen liegt, abgeknallt wurde. Du kennst ihn ja, Bockelmann — ein schußneidischer Trophäenjäger, ein Blödian, möchte bloß wissen, wie der jemals die Jägerprüfung bestehen konnte! Ich war außer mir! Als er vor mir stand und mir frech ins Gesicht sagte, er hätte „Odin" für einen wildernden Bastard aus dem Dorf gehalten, wäre ich ihm beinah an den Kragen. Sowas nennt sich Jäger! Möcht' nicht wissen, was der auch beim Wild unter „Ansprechen" versteht! Dieser Schinder!"

Herrje, dachte ich. Jetzt verstehe ich Klausens Warnung. Da wäre ich ja mit meinem naiven Hinweis auf Freyas Ähnlichkeit mit Zita gut angekommen. „Hans-Dieter", sagte Herr Bockelmann, „nu sag' mal — wegen der Rehreinheit". Er klopfte seine Pfeife aus. „Behauptest Du allen Ernstes, daß Deine Hunde eine Rehfährte schlicht ignorieren? Immer und unter allen Umständen?"

„Ignorieren, ignorieren ... so habe ich das nie gesagt! Ich be-

Am Fuße der Leiter ist sein Hund abgelegt und wartet still ▶

haupte nur, und dabei bleibe ich, daß meine tadellos abgeführten Bracken kein Schalenwild h e t z e n, verstehst Du? Sie h e t z e n es nicht, sie arbeiten die Fährte nicht aus, sie halten sich an Fuchs oder Hase, bis der Schuß fällt. Du weißt es ganz genau, Bockelmann, daß ich nie etwas anderes behauptet habe!"

„Laß doch gut sein, Hans-Dieter, ist ja alles in Ordnung", sagte Herr Bockelmann besänftigend. Ich glaubte, ein kleines, zufriedenes „Also doch!" auf seinem Gesicht zu lesen. Dachte er an seinen seligen Ador, Ausbund an Folgsamkeit unter den Vorstehhunden, der einmal, ein einziges Mal, alles vergaß, was er über „Hasenreinheit" gelernt hatte?

*

Ich blieb den ganzen Abend über ein wenig — „eingeschüchtert" wäre wohl das richtige Wort. Ich hatte nie geahnt, daß solche Auffassungsunterschiede über die Jagd bestehen. Ich saß da, schluckte meinen unaussprechlichen Kröver Wein und hörte zu.

Freilich, allzu spät wurde es nicht. Der lispelnde Jäger nickte in seinem bequemen Fauteuil vor dem offenen Feuer bald ein, und als einer der Hunde laut gähnend seine blitzweißen Zähne zeigte, stand Klaus auf und gab damit für uns beide das Zeichen zum Aufbruch.

„Ein ziemlicher Fanatiker, dieser Hans-Dieter", sagte ich draußen zu Klaus.

„Traditionsgebunden", verbesserte er mich. „In jeder Beziehung. Als wir heute morgen in den Wald gingen und einer der Hunde sich hinhockte, um sich zu lösen, blieb er daneben stehen und zog feierlich den Hut. Das bringt nämlich Glück im Revier — wußten Sie das?"

Wahrhaftig — man lernt nie aus.

Vom Abschußplan

Die Feiertage sind vorbei. Überhaupt scheint alles vorbei zu sein: die Hasen sind zu, die Fasanen sind zu, das weibliche Rehwild auch. Der Abschußplan wurde nicht ganz erfüllt: drei Stücke fehlen. Nun, genau genommen haben die Jäger noch sechs Tage Zeit, ihr Plansoll zu erfüllen: wir schreiben erst den 23. Januar. Klaus, so fürchte ich, wird das allein besorgen müssen — das Wetter hält nämlich die Pächter vom Revier fern. Ja, das Wetter! Es ist wieder einmal Hauptgesprächsthema. Wird's endlich schneien? Sommer, Herbst und Winter sind in der Rückblende zu einer einzigen graubraunen Masse zusammengeschmolzen. Regen, Regen — erst keine Sonne, dann Schnee auf den noch belaubten Bäumen, dann wieder Regen und Schlamm, und aus dem nassen Boden stoßen jetzt die ersten Tulpenblätter ihre grünlichen Länzchen. Im Hof, in den schmutzigen Pfützen, liegen tote Regenwürmer und gestern sagte Klaus: „Was glauben Sie, was abends beim Ansitz auf meiner Hand landete? Die erste Mücke der Saison!"

Klaus sitzt brav an, morgens und abends und abends und morgens. Den Pächtern ist es zu unfreundlich, Feuchtigkeit kriecht in die Wolle, und dem Wild scheint es ebenso zu gehen. Es bleibt aus, steht vermutlich lustlos an den Fütterungen, nimmt das Gebotene kaum an, nicht einmal die schönen Äpfel, die wir gemeinsam ausgelegt haben. Nur die Fasane sind gierig und freßlustig und jetzt, in der Schonzeit, auch noch unverschämt, als wüßten sie genau, daß jede Gefahr seitens der grünen Männer vorbei ist. Wir füllen die Schütten, und die Vögel trippeln unverfroren in unserer Nähe herum, stoßen verächtliche Laute aus und gehen uns kaum noch aus dem Weg.

Als einziger Revierbeständer zeigt sich der junge Herr Schnekenburger, von Kopf bis Fuß in Weihnachtsgeschenke gekleidet: olivfarbener Cordanzug, mit allerlei Schlaufen und Reißverschlußtäschchen garnierte Schießweste, Waffe, Fernglas und Rucksack von feinstem österreichischem Strichloden umwallt,

um den Hals ein prächtiger Schal in vier abschattierten Grüntönen. Sogar Klaus scheint etwas davon zu bemerken.
„Übrigens", sagt er ganz ohne Zusammenhang, „übrigens habe ich den grauen Tigerkater für Sie erwischt. Sie wollten den doch für ein Krägelchen haben auf Ihr neues Wams, Weste, Jacke, was weiß ich. Er liegt draußen im Wagen."
Herr Schnekenburger kommt vom Ansitz, ißt einen Teller Gulaschsuppe mit und schimpft — wie könnte es anders sein — übers Wetter.
„Langsam bin ich's leid", sagt er und löffelt. „Es haut mir richtig auf — ehrlich. Zwei Stücke sind mir gekommen, Ricke mit Kitz, ich hätt' sie schießen können und plötzlich hat's mir ausgehängt. Starkes Kitz war's. Die Geiß schätz ich auf 16 kg, das Kitz auf 15. Die können mich mit ihrem Abschußplan. So ein starkes Kitz! Ich hatte einfach keine Lust, abzudrücken — gibt's denn sowas!"
„Was war mit Füchsen?"
„Ah was, Füchse! Bei dem Wind! Es hat mich beinah von der Leiter geweht — was soll denn der Fuchs da draußen anfangen. Er kriegt ja keine Witterung von den Mäusen. Der ist gescheiter als wir, der bleibt hübsch in seinem Bau und schläft sich aus. Nein, jetzt ist endgültig nichts mehr los. Vielleicht geh ich morgen abend nochmals raus, vielleicht auch nicht. Eher nicht."
Wir schweigen alle drei. Nur die Löffel schlagen leise an die Teller. „Bastian", Herrn Schnekenburgers Spaniel, liegt unterm Tisch und pfeift zufrieden durch die Nase: Herrchen hat ihn zwar mitgenommen, aber nur bis zu uns, dann durfte Bastian im Jagdhäuschen bleiben, weil's zu naß war draußen und zu dreckig. Das ist dem Hund mehr als recht, dem fehlt ohnehin die richtige Passion. Unser altes Sofa ist ihm lieber, und die Zita läßt ihn ja, gutmütig wie sie ist, die Reste ihres Abendbrotes aus ihrer Schüssel fressen: Reis mit Karotten und Leber, man darf's fast nicht verraten! Ein Genuß, besonders für den Bastian, der aus ästhetischen Gründen zu Hause mit Futter knapp gehalten wird.

Nellys Mésalliance

Wolken und Nebelfetzen hängen in den Tannenwipfeln ums Häuschen, und von Westen strömt unaufhörlich milde Meeresluft nach Deutschland. Für die Füchse hat die Ranzzeit begonnen und Klaus ärgert sich, weil ich behaupte, ich höre sie bellen. „Nein — sie keckern“, widerspricht er mir mürrisch.

Zita soll bald hitzig werden — ob sich die Fuchsrüden für sie interessieren? „Klar“, sagte Klaus. „Passen Sie nur gut auf sie auf. Es kommt immer wieder mal vor, daß ein leichtsinniges Hundemädchen mit einem Geheck Halbfüchsen dasitzt, und der Vater ist flüchtig und zahlt keine Alimente.“
Woher soll ich wissen, ob das stimmt? Wahrscheinlich spürt der Klaus wieder seine Nieren, kein Wunder, bei dem Elendswetter und ist deshalb so mißmutig. Jedenfalls werde ich Zita im Auge behalten, damit es ihr nicht so geht, wie Schützens Nelly. Oder noch schlimmer.

Ja — es läßt sich nicht leugnen: Schützens Nelly hat Schande über die Familie gebracht. Knapp elf Monate alt ist sie, die saufarbene Rauhhaardackelin, ein liebenswertes Tierchen, Favoritin ihres Herrchens und Zitas Spielgefährtin. Halt: letzteres stimmt eben nur bedingt. Nachdem die beiden Hündinnen — Zita spielt ausschließlich mit Hündinnen, vor Rüden hat sie Angst und läuft ihnen klagend und mit eingezogenem Schwanz weg; niemand weiß, woher diese offensichtliche Sexualneurose stammt — immer wieder stundenlang miteinander herumtollen und Zitas frohes, helles Kläffen den Garten erfüllte, änderte Nelly plötzlich ihr freundschaftliches Verhalten. Sie biß Zita in die Vorderläufe, mit denen sie, zum gewohnten Spiel auffordernd, auf den Boden klopfte, während ihr typischer, eingerollter Appenzeller-Schwanz nach angestammter Art aufgeregt gegen ihre Flanke hämmerte. Diesmal wollte Nelly die ihr wohlbekannte Sprache nicht verstehen. Sie knurrtete und ließ zwei, drei böse, tiefe Beller hören. Es war deutlich: hau ab, hieß das.
Nelly hopste auf Zitas Sessel, streckte alle Viere von sich, und als Zita, das Dummerle, sich ihr näherte und ihr zärtlich die Nase ins Fell stieß, wurde Nelly ernsthaft ungehalten, ließ ihren Kopf vorschnellen und schnappte Zita in den Hals. Das war das Ende einer Freundschaft. Winselnd ließ Zita von ihrer Gespielin ab und suchte bei mir Trost und Zuflucht.
Was war bloß mit Nelly los? Krank? So matt und sauertöpfisch — wie der Klaus, wenn ihn die Nieren zwicken. Frau Schütz machte ein besorgtes Gesicht. Nächste Woche wollte sie Nelly zum Tierarzt bringen.
Ich bekam Nelly ganze vier Wochen nicht mehr zu sehen und als sie dann wieder vor mir stand, „ließ sich ihr Zustand nicht mehr verbergen", wie man das so hübsch altmodisch nennt. Das sehnige Körperchen hatte sich zu einer Walze verformt, die Dackelbeine schienen noch kürzer geworden zu sein. Nelly war eindeutig trächtig, und Herr Schütz eindeutig wütend.
„Ich weiß genau, wer's war! Der „Blacky"! Ein Zwergschnauzer, den unsere Nachbarn morgens zur Haustür raus und den ganzen Tag unbeaufsichtigt herumstreichen lassen. Meine Kin-

der sind natürlich auch schuld. Ich hatte es ihnen eingeschärft, hundert Mal hab' ich gesagt: gebt acht auf die Nelly, laßt sie nicht allein im Garten, sonst passiert noch was. Aber da kann man predigen und es nützt alles nichts, und jetzt ist es so weit."
„Das wird doch hübsche Hundchen geben", sagte ich undiplomatisch und freute mich auf die Welpen. „Und wilde Jäger."
„Nichts da", sagte Herr Schütz kategorisch. „Die kommen alle weg, gleich, sofort. Nelly kriegt Spritzen gegen die Milch und die Sache hat sich. Aber mit der guten Nachbarschaft ist's vorbei. Die „Blacky"-Leute grüße ich nicht mehr." Ich verschluckte weitere Einwände. Herr Schütz war ernsthaft aufgebracht über Nellys Mésalliance!
Für die liebe Frau Schütz müssen die letzten Tage vor Nellys „Niederkunft" recht schlimm gewesen sein. Und die Nächte auch. Sie zog mit ihrem Bettzeug in den Kellerraum, wo Nellys Wurfkiste stand, stellte alle zwei Stunden den Wecker und sah nach Nelly. Ich erhielt täglich Bericht: nichts! Und dann: die Wehen haben eingesetzt, aber gekommen ist immer noch nichts. Wir fieberten dem Ereignis entgegen, wie zwei werdende Großmütter. Endlich, am Sonntag morgen, läutete das Telefon: sechs Welpen lagen morgens in der Kiste, von Nelly klammheimlich und mäuschenstill geworfen, abgenabelt und sauber geleckt. Mutter und Nachwuchs wohlauf.
Nachmittags waren es nur noch vier. Eines war von der Mutter totgedrückt worden, das andere hatte Herr Schütz beseitigt, weil es lahmte und nicht saugen wollte.
Nun liegen sie alle vier, alle Todgeweihten, Stammbaumlosen bei ihrer Mutter, wachsen und gedeihen und sehen in ihrem Kistchen aus, wie vier kräftig angebratene Fleischrouladen im Topf: schwarz, glänzend und dick. Alle ganz der Papa. Die saufarbene Dackelin nimmt sich fremd daneben aus.
Herr Schütz lächelt verlegen.
„Die Kinder haben so ein Theater gemacht — da hatte ich nicht das Herz, die Welpen umzubringen. Und für die Nelly ist es ja auch besser, sie hat so viel Milch". Tatsächlich sind die Zitzen der kleinen Dackelin prallvoll. Sie sieht im Profil aus wie eine glückliche Allgäuer Kuh.

Die Kleinen sind fett wie Mastschweinchen und nach meiner von züchterischen Überlegungen unbeschwerten Ansicht zum Fressen lieb.
Mit dieser Auffassung stehe ich nicht allein. Leider.
„Aschta“ Schütz, der die Rolle der „kinderlosen Tante“ nicht zu liegen scheint, hat üble Absichten auf die schwarzen Zwerge, deren Witterung ihr ärgerlich in die Nase sticht. Daß das Hunde sein sollen, scheint ihr nicht einzuleuchten. Eher schon Ratten oder Riesenmäuse. Die Kleinen quieken und bei Aschta stellt sich ein angriffiger Haarkamm am breiten Rücken auf.
„Natürlich“ waren die armen Schütz-Kinder schuld: die Türe zu Nellys Kindbettzimmer blieb offen, Aschta flitzte unbemerkt hinein. Knurren, Kläffen, Piepsen. Die Hundemutter kreischte — Aschta zerquetschte ausgerechnet den kräftigsten, lebhaftesten unter den Rüden, der als einziger schon einen Namen hatte. Aschta kriegte ein paar übergezogen, jawohl, das ließ sich Herr Schütz nicht nehmen. Und dazu strengstes Hausverbot. Jetzt hockt sie Tag und Nacht im Zwinger und schmollt.
Eifersucht? Jagdfieber? Was hat die gutartige Aschta wohl zu dieser Missetat bewegt?
„Sechs kleine Negerlein . . . “ Jetzt sind es nur noch drei.
Eigentlich möchte ich gern eins davon haben.

Kein weißer Winterwald

Der schneelose Wald muß seine Schönheitsfehler preisgeben. Keine weiße Decke verbirgt gnädig die schmutzigen Plastictüten, die verrosteten Blechbüchsen, die Silberpapierballen und sonstige Abfälle, die von Spaziergängern und Freiluftfressern rücksichtslos liegen gelassen wurden. Der Umweltschutzgedanke findet zwar in der Theorie überall Anklang, aber in der Praxis scheint er, wie so vieles, vornehmlich für die „anderen“ zu gelten.

Erbost zeigt mir Klaus die Bierflaschenscherben, die mitten auf einem Wildwechsel liegen. Vielleicht hat sich die alte Ricke, die den einen Vorderlauf deutlich schont, daran verletzt? Mit diesem Stück ist es wie verhext: es hat seinen Einstand unten im dichten Fichtenwald, ist allen bekannt, läßt sich immer wieder sehen — aber zum Schuß kam noch keiner. Dabei wäre diese Geiß genau das Richtige, um den Abschußplan pflichtgetreu abzurunden. Sie heißt hier bei uns nur „die Dreibeinige“, was in die Kategorie der dichterischen Übertreibungen eingereiht werden mag. Gar so schlimm steht sie nicht da, sie hat noch alle vier Läufe. Aber einer davon soll krank, verletzt oder gar verstümmelt sein. Sie ist also behindert, invalid. Erstaunlich, daß man ausgerechnet sie nicht zur Strecke bringen kann? Vielleicht macht sie ihr Außenseitertum, ihre Schwäche, besonders mißtrauisch und vorsichtig.

Besagter Fichtenwald hat's überhaupt in sich, in jedem Sinne. Er ist eindeutig der Wald mit der dichtesten Wildpopulation in unserem Revier. Warum? Weil er, so erklärte mir Klaus, ideale Äsungsbedingungen bietet: Nadelbäume aller Altersstufen, Blößen und Dickungen, dichte Kleeteppiche, Himbeersträucher, die auf dem kalkhaltigen Boden wuchern und deren Blätter dem Wild schmecken, niedriges Gebüsch als Deckung und Weichhölzer als Äsung für die Hasen. In diesem Wald geistert auch ein sehr starker sechsjähriger Bock herum, der Herrn Schütz in der Jagdzeit schlaflose Nächte bereitete: er läßt sich ansprechen, steht da, verhofft — aber irgendwas geht immer schief; entweder muß Herr Schütz seine Büchse noch entsichern und der Bock ist weg; oder das Büchsenlicht ist nicht mehr zuverlässig; oder der Bock wird ohne ersichtlichen Grund plötzlich flüchtig. Auf alle Fälle bringt der Bock es fertig, sein weitausgelegtes Sechsergehörn auf dem eigenen Haupt zu behalten und scheint es nicht als Trophäe an irgendwelche Interessenten abgeben zu wollen. Wofür man ein gewisses Verständnis aufbringen müßte.

Schön — im laienhaften, naturschwärmerischen Sinne „schön" — ist dieser Wald nicht. Das Unterholz wirkt verfilzt und struppig, die Monokultur der Fichten düster und die zahlreichen Kahlschläge und Windbrüche wie unordentliche Friedhöfe oder gar wüste Schlachtfelder. Der Boden ist von Wassergräben und sonstigen schlammigen Rinnsalen durchzogen, klebrig, schwer zu begehen, die alten Bestände finster und abweisend. Außer ein paar hochwüchsigen Karden, die am Waldrand steif Wache stehen, gibt es dort auch am lichtesten Sommertag nichts farbig Blühendes. Nein — ins „Fichtele" kann einen wirklich nur die gezielte Jagdlust ziehen. Die vielen dort hausenden Krähen, die sich mit heiseren Stimmen in ihrer häßlichen Sprache lauthals verständigen, tun noch ein Übriges, um diesen Wald ungemütlich zu machen.

Eins muß man dem „Fichtele“ zugute halten: es trägt wenigstens einen Namen. Erstaunlicherweise ist das ganze Revier, mit seinen lieblichen Abhängen, den abwechslungsreich verzweigten Waldkomplexen, den Tälchen und Ebenen, Pappelalleen und Hecken, ausgesprochen arm an Flurbezeichnungen. Umständlich und fantasielos kommen mir die Beschreibungen der Jäger vor: „Da vorn bei der ersten Kanzel;“ „unten bei der dritten Leiter“; „oben bei den Buchen“; „da hinten, wo die Eichen stehen.“

„Oben“ und „unten“! Das hat uns schon unser Geographielehrer als ungenau und irreführend verwiesen. Abgesehen davon ist es eine weitgehend subjektive Beschreibung. Des einen „vorn“ kann sehr wohl des anderen „hinten“ sein.

Nun, es wird mir kaum gelingen, hier ein Flur-Tauffest zu organisieren, und so muß ich mich eben mit den spärlich vorhandenen Namen zufrieden geben, mit dem „Brennerholz“ (wo in früheren Zeiten ein Kohlenmeiler stand) und dem „Rundele“ (stimmt! das Wäldchen ist beinahe kreisförmig) und dem „Flitterhain“ (höchste Erhebung auf meiner Hochebene; dort steht ein Aussichtsbänkchen, das von wandernden Liebespaaren gern zum zärtlichen Verweilen benützt wird).

Damit hat sich's. Drei Namen für sicher dreißig Winkel und Senkungen, Hügel und Fleckchen voll ausgeprägter Eigenart.

Ist es ein Zeichen von Unreife, wenn man gewissermaßen mit einem weißen und einem schwarzen Pinsel durchs Leben läuft und überall seine bewertenden Farbtupfer hinsetzt: das ist schön, das ist häßlich, das mag ich, das mag ich nicht? Wenn einem eine Straße beispielsweise durchaus nicht nur als Verbindung zwischen zwei Punkten vorkommt, sondern unweigerlich zur „sehr hübschen“ oder zur „ganz ekelhaften“ Straße wird? Wenn ja, so bekenne ich mich schuldig: kindisch und unreif liebe ich meine Hochebene, ihre beruhigende Fläche, das befreiende Gefühl der Weite, das mich dort überkommt. Und auch das „Rundele“ mit seinen Eichen, Buchen und den Heckenrosen, den Dompfaffen, die zwischen den kahlen Zweigen ihre roten Brüstchen aufleuchten lassen. Da zieht es mich hin, immer wieder, da kenne ich jeden Busch und jede Schneise.

Zita buschiert

Wenn Klaus im Rundelwald zu tun hat — hier stehen ein paar reparaturbedürftige Kanzeln, hier auch hatten wir im Herbst die Maiskolben ausgelegt, um das durchziehende Schwarzwild zu kirren — laufe ich, wenn es möglich ist, immer mit ihm mit. Je nach — seiner! — Stimmung neben ihm oder hinter ihm her.

Der Rundelwald liegt ziemlich weit vom Haus weg, erstreckt sich über eine Mulde und schmiegt sich an einen weichgerundeten Abhang. Ein kleiner Bach sprudelt über die Lichtung und ich sage wohlmeinend:

„Da kommen sicher die Rehe her, um zu trinken."

„Rehe schöpfen", werde ich belehrt. „Und vielleicht schöpfen sie überhaupt nicht. Das ist eine umstrittene Sache. Manche behaupten, sie nehmen die notwendige Flüssigkeit einfach mit der Äsung auf, das genüge ihnen. Auf Extra-Drinks verzichten sie."

Sowas. Ich möchte kein Reh sein.

Ich seh's dem Klaus an, ob er gut aufgelegt ist oder nicht und zwar am Nacken, der bei schlechter Laune leicht anzuschwellen scheint. Die Nackenhärchen sträuben sich auch, er wirkt so richtig widerborstig. An solchen Tagen bewege ich mich schweigsam in seinem Kielwasser. Klaus hat die Angewohnheit, im Gehen vor sich hinzubrummeln und hie und da streift die Zita ein verächtlicher Blick. „Dummer Hund" bekommt sie da zu hören, wenn sie eine frische Rehfährte überhaupt nicht beachtet und brav, ahnungslos und freudig neben mir hertrottet. Dumm ja — aber bequem, bequem! Mangel an Interesse ist eben mit Mangel an Verlockungen verbunden. Einzig die Fasane können sie aus der Ruhe bringen, zumindest ihren Spieltrieb anregen. Sie kriecht furchtlos durch die Hecken, zieht kleine Kreise, bleibt auf Befehl sofort stehen, springt in kurzen Bogen wieder durchs hohe, dürre Gras und macht die Vögel hoch.

„Die buschiert ja richtig", sagt Klaus anerkennend. „Wer hätte das gedacht. Das Gute dabei ist, daß sie sich nie vergißt und davonläuft — schon ein komisches Biest. Und dornenfest ist sie auch. Wer hätte das gedacht — noch dazu mit dem kurzhaarigen Fell."

Mit dem weichen Seidenfell, denke ich. Sowas bringt der Klaus natürlich nicht heraus. Aber immerhin: die Zita hat ein Kompliment gekriegt. Mein Tag ist gerettet.

Klaus hat auch bessere Zeiten. Dann erzählt er auch mal, etwas einsilbig zwar, aber immerhin. Daß es früher, vor Jahren, hier im Revier reichlich Schwarzwild gab. Jahresstrecken von zehn Stück waren keine Seltenheit. Auch Hirsche hatten sie als Standwild. Alles mußte weg: die Bauern lehnten sich dagegen auf, ihre Haferfelder und Kartoffeläcker nachts abräumen zu lassen.

„Um die Hirsche ist mir nicht leid", sagt Klaus.

Ich habe keine Ahnung, weshalb.

„Aber um's Schwarzwild schon. Die Sauen mag ich."

So! Er m a g sie. Und drum schießt er sie. Wahrhaft unergründlich bleibt mir die Seele des Jägers.

Ich weiß, daß Füchse Branten haben und ich weiß, was ein befahrener Bau ist und was ein kalter. Und ich nicke, wenn mir Herr Bockelmann erläutert, daß der Wind schlecht stand und er nicht zum Schuß kam, und wenn ich im großen Haus drüben die Gehörne abwische, so denke ich: „Rosen" und „geperlt" und „schlecht vereckt". Und ich spreche diese Worte auch aus, in Gegenwart der grünen Männer und erwarte jeden Augenblick, daß sie sich über mich lustig machen.

Siehe da: sie tun es nicht.

Seltsame Angelegenheit. Genau, wie wenn man, alle Hemmungen überwindend, ein in den eigenen Ohren schauderhaft übertriebenes Französisch oder Englisch zum besten gibt. Man staunt: Einheimische erkennen diese Parodie nie als solche; im Gegenteil, sie bewundern die gute Aussprache des Fremden. So geht's mir mit der Jägersprache. Ich fühle mich als einigermaßen gelehriger Papagei, und die Jäger nicken befriedigt: die hat was gelernt bei uns. Ich fürchte, sie täuschen sich. Ich fühl' es trotz allem nicht und werd' es nie erjagen.

Unter Sauen

„Eine Saujagd bei Mondenschein — etwas Schöneres kann ich mir gar nicht vorstellen."

Das sagt Klaus. Das Wort „schön" auf seinen Lippen — wie fremd, wie ungewohnt!

„Was sind wir doch auf Sauen angesessen, noch vor ein paar Jahren. Da war oft der Fredi Angerhaus dabei, der Bruder von der Unsrigen, der inzwischen gestorben ist. Einmal — richtig, das muß ich Ihnen erzählen, für sowas haben Sie was übrig — also das war in einer Sommernacht, im Juli oder August, waren wir zusammen draußen, der Fredi und ich. Lange brauchten wir nicht zu sitzen. Drei Sauen standen plötzlich

wie schwarze Klumpen auf der Lichtung dort, waren — weiß Gott woher — angeschlichen, leise, was sonst wahrhaftig nicht ihre Art ist. Der Fredi hatte eine neue 8 x 57, die er ausprobieren wollte und schoß vielleicht ein bißchen zu schnell. Die drei nichts wie weg, ab wie die Feuerwehr. Vorbeigeschossen. Wir saßen noch ein Stündchen, aber es zeigte sich nichts mehr, und wir machten uns nach Hause.

Am nächsten Morgen, so gegen fünf, stand ich auf und ging mit meinem Terrier, dem Purzel, zurück in den Rundelwald. Wollte doch mal, zur Sicherheit, genau nachsehen. Die Sache mit dem Fehlschuß war mir nicht ganz geheuer — der Fredi war nämlich ein prima Schütze. Das liegt dort in der Familie. Gut — ich suchte also ein bißchen im Gras herum, fand aber keinen Schweiß, und der Purzel verwies auch nichts. Wir stiegen zusammen in die Dickung hinunter — dort, wo jetzt das Stangenholz steht — und da der Hund am Riemen gar keine Arbeitslust zeigte, schnallte ich ihn. Er verschwand in den Himbeeren und gleich darauf hörte ich ihn: Standlaut. Aha, dachte ich. Hast doch recht gehabt, so leicht schießt der Fredi keine dicke Sau vorbei. Da hinten muß das kranke Stück liegen."

„Ich also hinter dem Purzel her, durch die Dornen und traute meinen Augen nicht: die Sau lag keineswegs, sie stand und schlug den Hund ab, blitzschnell und immer wieder. Der Purzel wich aus, ließ aber nicht ab von dem Schwarzkittel. So ein kleiner Teufel war das. Durch die dichte Bewachsung konnte

ich den Fangschuß nicht anbringen und so machte ich halt noch ein paar Schritte auf die beiden Kämpfer zu. Da drehte die Sau um — Sie müssen sich das vorstellen, es war ein ausgewachsener Keiler — und ging auf mich los, warf mich auf den Rücken und schlug mir am linken Bein hoch. Ich konnte gerade noch die Beine anziehen, um mich einigermaßen zu schützen und schon hatte sie meinen Knöchel erwischt und biß zu, sauber durch den Stiefel. Das spürt man, kann ich Ihnen sagen. Ich kriegte einen Schrecken, konnte immerhin meine Büchse auf die Sau richten — aber wer weiß, wer weiß, wenn der Purzel das Stück nicht genau in der Schrecksekunde von hinten in die Keulen gefaßt hätte, würde es mir wahrscheinlich den Bauch aufgeschlitzt haben. Die Sau warf sich herum, wollte den Hund annehmen. Da schoß ich, im Liegen, und traf auch, mitten ins Leben — ins Herz.

Da lag ich noch eine Weile neben der verendeten Sau. Der Purzel war der Lebendigste von uns Dreien.

Die Narbe am Bein habe ich noch, bei besonderen Gelegenheiten gebe ich sie zur Besichtigung frei. Vielleicht zu Ihrem Geburtstag.

Übrigens: von Fredis Sau hat man nie mehr was gehört oder gesehen. War also doch ein Fehlschuß."

Klaus berichtet undramatisch, mit einem kleinen Schmunzeln sogar. Ich würde sofort am Herzschlag eingehen, wenn so ein Keiler — wie schwer kann so ein Tier überhaupt sein? — auf mich losginge. Er aber erstickt meine mitfühlenden Wehlaute mit einer Handbewegung. „Ah bah — richtig gefürchtet habe ich mich nicht vor der Sau. Schnekenburgers Vater hat einmal einen Keiler sogar mit dem Hirschfänger kampfunfähig gemacht — nee, ist alles nur halb so schlimm."

Das alles in deutschen Landen! Wieso fahren die Leute eigentlich auf Löwenjagd nach Afrika?

Geheime Wünsche

Für Sauen scheint Klaus wirklich was übrig zu haben. Auf die läßt er nichts kommen.

Ich selber habe, außer früher im heimatlichen Wildpark, noch nie einen Schwarzkittel zu Gesicht bekommen und wunderte mich damals nur, wie leichtfüßig die massigen Geschöpfe umhertrippelten. Von hinten glichen sie schwarzberockten, breithüftigen Damen auf hohen Stöckelschuhen. An diesen Eindruck erinnere ich mich, auch an mein Entzücken über die gestreiften Frischlinge auf den Plakaten, mit denen der Zürcher Zoologische Garten wochenlang um Besucher warb. Die hatten's mir angetan und, seit mir Klaus gestand, er hätte als Junge einen Frischlings-Säugling mit der Flasche großgezogen, hege ich einen heftigen Wunsch in meiner unvernünftigen Seele: ein lebendiger Frischling zum Geburtstag wäre mir viel lieber, als der Anblick von Klausens alter Keilernarbe.

Heimlich durchackere ich die „Tiermarkt"-Spalten der hier herumliegenden Jagdzeitschriften und habe da, zwischen merkwürdigen Angeboten „1,1 Brahminenmilane", „Geschüh", „Heckenbrüter", „Dybowski-Wild" und dem unausbleiblichen „zwei Lieder singenden Dompfaff", das Ziel meiner Sehnsüchte gefunden, allerdings zum Preise von hundertachzig Mark. Ziemlich viel Geld. Aber ich gehe in kein Kino, in kein Theater, in kein Konzert, kaufe mir keine Kleider, schneide mir die Haare selber. Da wär' so ein Frischling schon drin, meine ich.

Ich überlege, wo ich meinen „Zukünftigen" unterbringen könnte und habe schon ein Plätzchen gefunden. Beim Futterschuppen unten, wo die großen Säcke mit den irreführenden Aufschriften, wie „Sonnenblumenkerne, gestreift" und „Ia Soyamehl" stehen, die Pakete mit dem Vitaminpulver, die Schachteln mit der Kraftnahrung fürs Wild, die Zita leidenschaftlich gern selber frißt. Da hinten ließe sich mit Leichtigkeit ein kleiner Koben — Koben? — für mein Säule anbauen und ein Stück Waldboden für ihn einzäunen. Wir haben mas-

senhaft Drahtgitter hier liegen, das nur verrostet, wenn's nicht gebraucht wird.
Eines Abends, Klaus versucht gerade, mich in die Geheimnisse des Skatspiels einzuweihen — mit wenig Erfolg; als Bridgespielerin habe ich Mühe, mich an die ganz anders gelagerten Kartenwerte zu gewöhnen — frage ich ihn mitten in seine Erklärungen hinein:
„Sagen Sie — es stimmt doch, daß Sauen ganz zahm werden?"
Ich weiß, daß Männer es auf den Tod nicht ausstehen können, wenn man ihre Ausführungen unterbricht. Aber meine Frage gilt den Sauen, da läßt Klaus schon mit sich reden.
Er legt die Karten hin.
„Was soll jetzt das wieder? Soll sich da einer auskennen!"
„Ach — nur so. Sie sagten doch, Sie wollten damals Ihren Frischling abrichten, den Ihre Schwester allzufrüh aus der Schürze auf den Steinboden und damit zu Tode fallen ließ. Das geht mir einfach nicht aus dem Kopf."
„Ei — eine Bache schon. Wir hatten zu Hause einen Förster mit einer zahmen Bache. Die lief ihm auf Schritt und Tritt nach, begleitete ihn sogar zum Wirtshaus und wartete dort auf ihn, bis er wieder rauskam. Im Dorf behauptete man, er habe die Bache sogar zur Nachsuche auf krankgeschossenes Wild mitgenommen und seinen Teckel zu Hause gelassen. Ob das wahr ist, weiß ich nicht, aber zahm war sie auf alle Fälle. Möcht' wissen, was später aus der Sau geworden ist."
Da gehen unsere Gedanken ganz ähnliche Wege. Ich möcht' ja eigentlich auch wissen, was später aus meinem Frischling werden müßte. Ewig werde ich nicht hierbleiben. Ein paar Monate noch, und die Erde hat mich wieder, das Großstadtpflaster. Dahin könnte ich meinen Gestreiften nicht mitnehmen — und dem Klaus hier zurücklassen? Er würde ihn sicher gut behandeln. Und ich? Hätte ich Besuchsrecht? Jeden Monat an einem Wochenende? Vielleicht überlege ich's mir doch nochmals gründlich. Und erkundige mich vorsichtshalber auch bei der Zita, was sie dazu meint. Ob sie beleidigt und böse würde? Oder bloß Angst vor ihm hätte, wie es von ihr eigentlich zu erwarten wäre?

Zeit der Hege

Ich lenke mich vom schäbig fallenden Schnee ab, der die graubraunen Felder kaum zu garnieren vermag; und vom ganzen trostlosen, farblosen, freudlosen Winter überhaupt, indem ich die Tage zähle, die noch bis zum Frühling fehlen, und die ja immer weniger werden. Die Jagd hält Winterruhe.
Freilich, für Klaus bleibt noch die Hege. Er schaut gewissenhaft nach den Raufen. Häufiger als das Wild selber, scheint es mir. Kein Wunder, Wintersnot leidet es nicht, nachdem am Südhang vor dem „Fichtele" schon der junge Klee grünt, und so übersehen die Rehe hochnäsig das reichlich gespendete Heu an den Futterstellen.
„Wozu füllen Sie denn die Raufen überhaupt? Nur, damit der Marder dort ein warmes Nachtlager findet?"
„Ja — eigentlich müßte man jetzt wirklich nicht füttern. Das ist ja auch nur Naturschutzheu, das ich da auslege."
„Was? Ein Spezialheu? Präpariert? Wie denn?" Er grinst.
„Nee, Mädchen — ein Beruhigungsheu. Nicht für's Wild, für die Mitglieder des Naturschutzvereins oder Wildschutzbundes oder wie das Zeug heißt. Die kommen nämlich von Zeit zu Zeit vorbei und gucken nach, ob wir das arme Wild auch nicht verhungern lassen. Wenn die leere Raufen finden würden, wäre an ihrer Generalversammlung oder Vorstandssitzung der Teufel los. Na, das wollen wir denn doch vermeiden und so leg ich eben Heu aus, was die Raufe hält."
Für Klaus die Hege — für mich die Pflege: das Aufwischen und Aufputzen des Bodens — Menschenstiefel und Hundepfoten schleppen unwahrscheinliche Mengen von Schmutz herein. Und der Versuch, Klausens Unordnung einigermaßen unter Kontrolle zu bringen. Was lag da letzthin auf meinem Sessel, in den ich mich, Augen starr auf die flirrende Mattscheibe gerichtet, arglos sinken ließ? Ein hölzernes Instrument, dreiteilig, von Lederbändchen zusammengehalten, mit einem gedrechselten Griff: eine Treiberklappe! Sie erinnert mich an die Rasseln meiner Kindheit im katholischen Spanien, wo in der Karwoche

die Kirchenglocken schweigen mußten, zum Zeichen der Trauer, und an ihrer Stelle eben diese hölzernen Rasseln in Betrieb genommen wurden. Ein trübseliges Geräusch wie das alte „Unrein, Unrein"-Zeichen der unglücklichen Leprakranken.
Klaus krabbelt im Wald herum und nagelt frische Schwarten auf alte Kanzeln. Er spricht kaum mit mir — worüber denn? Daß er an einer Leiter durchgesägte Sprossen fand, erwähnt er mal nebenbei. Und als ich ihn frage, ob das wohl ein Racheakt der Aussiedlerhofbewohner sein könnte, gewissermaßen eine Quittung für erlegte Hauskatzen, hebt er nur gleichmütig eine Schulter. Er mag sich darüber nicht äußern. Er hält sich bei der Raubzeugbekämpfung genau an den vorgeschriebenen Abstand von „300 Meter von der nächsten Behausung" und hat ein gutes Gewissen. Basta, das genügt. Wozu immer reden.
Halt: e i n Thema gibt es doch: das Essen. Mit meinen Versuchen, den mißtrauischen („Was der Bauer nicht kennt . . . ") Klaus von der Köstlichkeit fremdländischer Speisen zu überzeugen, habe ich mein eigenes Grab geschaufelt. Mein Grab ist, um bei dieser schauerlichen Metapher zu bleiben, nunmehr die Küche. Da stecke ich und tummle mich zwischen brodelnden Töpfen und zischenden Pfannen und er schiebt seinen runder werdenden Bauch zur Tür herein, hebt Deckel hoch und zieht Knoblauch-, Olivenöl- und Tomatendämpfe ein.
„Ist's bald fertig? Ich habe Hunger — ich könnt' ein Kind von der Straße fressen." Das hab ich jetzt davon.

Ansitz auf Füchse

Wenn's in einer Küche laut wird, so ist das ein todsicherer Hinweis auf die schwarze Laune der Köchin. Bei mir dröhnt und rumpelt es, Besteck klingelt, Gläser klirren, das Abwaschwasser schlägt Wellen.

Mir ist alles verleidet. Ich langweile mich. Gestern habe ich mein Haar gewaschen und konnte es nicht vermeiden, dabei meinem Spiegelbild zu begegnen. Wie sehe ich aus! Fetziger Rollkragenpullover, ausgesessene Hose, schlechtgestutztes Haar, rissige Hände, abgebrochene Fingernägel, Pickel am Kinn von Wurst und Schwein. Gemeinerweise spüre ich auch noch die schwachen Föhnandeutungen, die über die Alpen bis zu uns herüberwehen. Ausgerechnet hier — in Zürich, dem weithin berüchtigten „Föhnloch", hatte ich nie Kopfschmerzen.

Klaus habe ich aber unterschätzt. Etwas Einfühlungsvermögen scheint da doch vorhanden zu sein, denn abends sagt er:

„Kommen Sie morgen mit. Ich geh' auf Füchse."

Sicher nimmt er mich nur deshalb mit, weil jetzt die eigentliche Jagdzeit vorüber ist. Bisher hatte er bestimmt Angst, ich würde, wenn er einen Bock im Fadenkreuz hätte, zu husten anfangen oder mit Schokoladenpapier knistern, um dem Wild nochmals eine Überlebenschance zu geben.

„Ich steige auf keine Leiter", sage ich verdrießlich.

Er versichert mir, das sei nicht nötig, er habe sich etwas anderes einfallen lassen.

So gehe ich also mit. Auf die Jagd!

In der Nacht hatte es ein wenig geschneit und auch morgens um halb sieben fielen noch vereinzelte Flocken. Ich folgte, mühsam, weil nachtblind, Klausens Spuren und versuchte, auf Stangen und Stämmen, welche die Waldarbeiter überall liegen gelassen hatten, nicht auszurutschen. Die Schneeflocken verwandelten sich in Graupeln und prasselten, eine monotone Geräuschkulisse bildend, auf die Fichtenäste.

Es wurde heller und Klaus, der lautlos wie ein Puma vor mir her pürschte, war deutlich zu erkennen. Er hatte sich der breiten Schneise zugewandt, die das Stangenholz scheitelt, winkte mich heran und wies mir ein trockenes Plätzchen unter tief herabhängenden Fichtenzweigen zu. Ich hatte mich eingemummt wie zu einer Polarexpedition, dazu einen dicken Wollschal um Hals und Kopf gewickelt und ließ mich unbeholfen dicht neben ihm nieder.

Zum ersten Mal im Leben saß ich also „an“ und war aufs äußerste gespannt: würde ich ihn hören, den roten Räuber, Reineke, den Schlauen? Würden die Zweige knacken, das dürre Gras rascheln? Oder würde ich ihn ohne akustische Vorwarnung einfach plötzlich zu sehen kriegen, ein roter Fleck auf trübem Weiß?

Schmerzhaft konzentriert, bohrte ich meinen Blick in den Bestand, um ja nicht die geringste Bewegung zu verpassen.

Die Minuten verstrichen. Minuten? Wie lang schon saß ich in dieser unbequemen Stellung auf meinem Spähposten? Regungslos, genau wie der Klaus, von dem nicht der leiseste Schnaufer kam. Behutsam drehte ich ihm den Kopf zu und da — mitten in der Kopfbewegung, sah ich ihn. Nicht den Klaus, den Fuchs! Er kam auf der Schneise dahergebummelt und hatte nichts Heimtückisches und nichts Schlaues an sich, im Gegenteil, unbekümmert wie ein gutmütiger Hofhund spazierte er durch die Landschaft, die Nase tief am Boden. Jetzt tauchte er den Fang in ein Schneehäufchen, die Luntenspitze zuckte. Uns schien er nicht zu bemerken; er kam immer näher auf uns zu. Ich wagte nicht mich zu rühren. Aus dem Augenwinkel sah ich, daß Klausens Hände in den Taschen seines Lodenmantels steckten, die Büchsflinte lag über den Knien, den Oberkörper hielt er vorgebeugt. Er zuckte mit keiner Wimper.

Tu doch was! dachte ich aufgeregt.

Der Fuchs hatte sich mittlerweile auf die Keulen gesetzt und begann, mit dem rechten Hinterlauf hinter den Gehören zu kratzen, zog dabei genüßlich die Lefzen hoch und zeigte, als grinse er vor Behagen, sein Gebiß. Sein Balg war dunkelrot und voll, der ganze Fuchs wirkte rundherum zufrieden, gesund und lebenstüchtig. Gewiß dachte er an ein paar fette Mäuse, die er sich zum Frühstück einverleiben würde.

Ein Häher plärrte, stob in einer duftigen Schneewolke aus einer gegenüberstehenden Fichte herab und schwang sich auf einen niedrigen Ast gerade über dem Fuchs. Verärgert hob dieser den Vorderlauf, stellte sich sogar auf die Hinterläufe und fuchtelte mit den Vorderbranten in der Luft herum. Der Häher drehte sich hüpfend um, knickste spöttisch und beschimpfte den Roten. „Kroaaaa-pück“, sagte er und es klang nicht freundlich. Der Fuchs jedenfalls schien sich darüber zu ärgern. Er setzte sich in Trab, war noch vierzig, dreißig Schritte von uns entfernt, noch zwanzig . . .
Der Knall neben mir ließ mich hochfahren. Ich hatte Klaus ja ganz vergessen! Wie hatte er es nur fertiggebracht, geräuschlos und unbemerkt sein Gewehr in die Hand zu bekommen?
Der Fuchs überrollte, lag zuckend im Schnee. Klaus stand auf und trat zu ihm. Ein Zittern ging über den schneebereiften Balg — dann lag der Fuchs still.

So ist das also, dachte ich und schaute auf die dunklen Haare, auf denen der Schneestaub zu feinen Wassertröpfchen schmolz. Jetzt ist alles vorbei für ihn: keine Mäuse zum Frühstück, kein Gang durch die Wälder mehr. Dafür juckt's ihn auch nicht mehr in den Ohren.
Meine Beine waren steif, und als ich sprechen wollte, weigerte sich meine Kinnlade und gab nur ein undeutliches Stammeln frei. Ich war durchfroren und nahm mir vor, den Heimweg im Laufschritt zu bewältigen.
Die Vorzüge der Brackenjagd erschienen mir im hellsten Licht.

Abschied

Ich laufe schnell durch den Wald, zurück zum Häuschen, an der Raufe vorbei, wo der Marder, der nächtliche Nutznießer, mit seinem Körper eine runde Kuhle ins weiche Heu gedrückt hatte; und an der zweiten Futterstelle unter den Buchen, wo ich zwei Pass-Stangen fand, die ich behalten darf. Reliquien, Erinnerungsstücke an meine Zeit im schwarzen Wald.
Ich denke an mein erstes Jagderlebnis, an den Fuchs, den der Klaus vor wenigen Wochen erst erlegt hat, ohne jede Zeremonie. Es gehört zu seinem Alltag, zu seinem Handwerk. Und ohne Hasenquäke, fällt mir ein, die er doch immer mit sich herumträgt. Vermutlich war sie überflüssig, weil uns der Fuchs ohnehin schon schußgerecht kam und vielleicht auch deshalb, weil er in der Ranzzeit, wenn er auf Freiersfüßen geht, anderes, besseres im Kopf hat, als die imitierte Klage einer sich in Aussicht stellenden Hasenmahlzeit.
Viele Fragen bleiben offen, zahlreiche „vielleicht" und „vermutlich" ungeklärt und dadurch auch reizvoll.
Ob die heimatlichen Berge in der Wirklichkeit so schön sein werden, wie sie mir von hier aus, von meiner weiten, wundervoll menschenleeren Hochebene aus, erscheinen?
Ich werde es bald erfahren. In den nächsten Tagen schon packe ich meine Koffer. Ist der Traum vom Frischling begraben, wie so viele Träume? Werde ich je erfahren, wer Klausens vielzitierte „Vohsens Emma" ist oder war?
Wird sich die Zita wieder an Halsband und Leine gewöhnen, nachdem sie hier weder Halsung noch Riemen zu tragen brauchte und als FKK-Hund ein unbeschwertes Dasein genoß?
Klaus wird dick. Er soll sich lieber auf seine gewohnten Rühreier besinnen, bevor sein Cholesteringehalt gefährlich ansteigt.
Es ist früher auch ohne mich gegangen.
Unersetzlich bin ich hier wahrhaftig nicht.
Nicht einmal wichtig.
Ein letztes „vielleicht": vielleicht — wer weiß — komme ich bald wieder zurück.